“十二五”职业教育国家规划教材
经全国职业教育教材审定委员会审定
21世纪立体化高职高专规划教材·财经系列
全国职业教育技能型人才培养校企合作精品教材

新编会计综合实训

（第3版）

李章红　主　编
肖艳红　周颖丽
张宏禄　刘　丹　副主编
黄　颖　参　编

電子工業出版社
Publishing House of Electronics Industry
北京·BEIJING

内容简介

本书根据国家税务总局于2016年5月1日开始全面实施营改增政策及2016年中华人民共和国财政部颁布的最新会计准则体系的主要精神，对相关原属于营业税方面的原始发票及相关原始凭证进行更改。本书包括了基础会计、财务会计、成本会计、税法、会计信息化的基本理论知识，也包括了基础会计实训、财务会计实训、成本会计实训的主要内容。全书内容分为4章：第1章是实习指导；第2章是会计综合实训企业基本情况；第3章是会计综合实训资料；第4章是会计电算化综合实训。

本书既可作为高等职业院校经济管理类专业的会计实训课教材，也可作为高职经贸类专业教师的教学参考书，还可作为其他财经类专业的实际操作学习用书。

图书在版编目（CIP）数据

新编会计综合实训 / 李章红主编. -- 3版. -- 北京：电子工业出版社, 2016.11
ISBN 978-7-121-30508-5

Ⅰ.①新… Ⅱ.①李… Ⅲ.①会计学－高等学校－教材 Ⅳ.①F230

中国版本图书馆CIP数据核字（2016）第287162号

策划编辑：贾瑞敏 张思博
责任编辑：贾瑞敏　　特约编辑：胡伟卷 苗丽敏
印　　刷：三河市良远印务有限公司
装　　订：三河市良远印务有限公司
出版发行：电子工业出版社
　　　　　北京市海淀区万寿路173信箱　邮编100036
开　　本：787×1 092　印张：14.25　字数：337千字
版　　次：2009年5月第1版
　　　　　2016年11月第3版
印　　次：2018年1月第2次印刷
定　　价：39.80元

凡所购买电子工业出版社图书有缺损问题，请向购买书店调换。若书店售缺，请与本社发行部联系，联系及邮购电话：（010）88254888，88258888。

质量投诉请发邮件至zlts@phei.com.cn，盗版侵权举报请发邮件至dbqq@phei.com.cn。

本书咨询联系方式：电话010-62017651；邮箱fservice@vip.163.com；QQ群427695338；微信DZFW18310186571。

前言

本书第 1 版自 2009 年出版以来，承蒙广大读者厚爱，先后印刷了 11 次。国家税务总局在全国范围内全面实施营改增战略，自 2016 年 5 月 1 日以后实行，根据读者反馈及编者在教学中的实践，本书增加营改增的各项内容，修改了所有原来属于营业税范围的原始发票及其相关的原始凭证，更正了其他经济业务中不合理的原始凭证；以中华人民共和国财政部颁布的最新会计准则等相关法规制度为依据，更新了有关原始凭证的内容和数据，以更好地服务读者。模拟仿真企业的学生实训资料是紧跟时代的产物，也是与时俱进的产物。

本书根据职业院校会计类学生的特点，本着"以岗位为基础，以能力为本位"的原则和培养应用型、技能型人才的目标进行编写，实训资料高度仿真、各种业务的设计跟企业实际发生的经济业务基本一致，适用性强，为学生毕业前的综合实训提供了很好的帮助。本书主要突出了新颖性、真实性、综合性、实用性和通用性。

1. 新颖性

结合国家税务总局于 2016 年 5 月在全国范围内全面实施营改增战略和中华人民共和国最新颁布执行的《企业会计准则》进行编写，紧跟形势变化，与时俱进。

2. 仿真性

实训资料高度仿真、各种业务的设计跟企业实际发生的经济业务基本一致，适用性强，让学生在校实训时就有身临其境的感觉。

3. 综合性

实训内容为最普遍、最通用的制造业企业会计内容，体现"照顾一般，兼顾特殊"的特点，主要介绍制造业企业会计实务操作，同时兼顾、补充商品流通企业的典型业务，学生可以进行会计岗位的综合演练。

4. 实用性

既可作为手工会计模拟实训教材，也可作为会计电算化综合实训教材。

5. 通用性

本书适用于全国所有职业院校的相关专业，适用于所有的财务软件。

本书包括 4 章，第 1 章为实习指导；第 2 章为会计综合实训企业基本情况；第 3 章为会计综合实训资料，主要由学生根据模拟南方吉祥电器制造厂在一个月中发生的经济业务，进行建账、填制和审核会计凭证、登记账簿、计算产品成本、财产清查、财务成果的计算与分配，以及编制会计报表等一系列手工会计操作；第 4 章为会计电算化综合实训，根据实训资料进行建立账套、初始化、填制审核凭证、对账、结账、编制报表等电算化工作，将手工操作和电算化的实训结果进行勾稽对比。

本书编写人员均为会计教学和实务经验丰富的专家，由琼台师范学院李章红主编；广东省普宁职业技术学校肖艳红，海口经济学院周颖丽，广西外国语大学张宏禄，琼台师范学院刘丹副主编。参与编写的还有嘉兴南洋职业技术学院黄颖。具体分工如下：第 1、2 章由肖艳红编写，第 3 章由李章红、周颖丽编写，第 4 章由刘丹、张宏禄编写。黄颖负责全书文字的校对工作，并制作了本书的配套资源。在本书的编写过程中，海南中欧会计师事务所所长欧学旺提供了案例资料及编写意见，在此表示由衷的感谢！

由于编者水平有限，书中难免有疏漏之处，敬请广大读者批评指正。

编　者

目 录

第1章 实习指导

本章学习要点

本章阐述了会计综合实训的基本程序、原则、方法，以及综合实训的考核与进度安排。通过本章的学习，要求学生了解会计实务工作的基本流程、处理原则与方法，并能达到书中明确要求的实训成果。

1.1 会计综合实训的程序

会计综合实训是根据企业的实际情况，结合学生在专业课程中所学的理论知识，按照相关的法规要求对企业的日常经营活动进行账务处理，以实现模拟实际操作的目标，真正体现会计的工作程序，演练会计实务工作的一种活动。会计综合实训的程序如下。

1. 熟悉企业的基本情况

熟悉实训材料中的企业概况及其账务处理程序，首先要了解实训企业的基本信息，包括单位全称、地址、联系电话、开户银行、账号、税务登记号等相关内容；其次要熟悉企业的组织机构，如会计机构的组成和人员分工；最后，根据企业业务量的大小确定账务处理程序。本书采用科目汇总表账务处理核算程序。

2. 开设账户

企业的会计工作起始于账户的设置。应根据企业的一般业务开设常用的账户，包括库存现金日记账、银行存款日记账、总账和相关的明细账。在实际工作中，如果涉及特殊的业务，可另行添加相应的账户。本实训要求根据“建账资料”中提供的南方吉祥电器制造厂2017年12月初各账户的余额，开设现金日记账、银行存款日记账、各有关总分类账和明细分类账。

知识点　更换一次账簿的时间

一般来说，总账、日记账和多数明细账应每年更换一次。但是，对于有些财产物资明细账和债权债务明细账，由于其品种、规格和涉及的往来单位较多，在更换新账时，重抄一遍的工作量较大，因此可以跨年度使用。各种备查账也可以连续使用。

提示

- 现金日记账和银行存款日记账必须采用订本式账簿，不得用银行对账单或其他方法代替日记账。
- 启用订本式账簿时，应从第1页按顺序编写页数，不得跳页、缺号。
- 使用活页式账页时，应按账户顺序编列分页号。一个账户编一个号，当一个账户记载两页以上账页时，可在“分页号”后加编“—”号。例如，分页号3号有两页账页时，分页号即可分别编为“3—1”“3—2”。年终，将账簿装订成册，再按实际使用的账页顺序编写页数，并加账户目录。
- 实行会计信息化的单位，打印出来的会计账簿必须连续编号，经审核无误后方可装订成册，并由记账人员和会计机构负责人、会计主管人员签字或盖章。

3. 填制原始凭证

从填制与审核原始凭证开始，企业就进入了日常的会计业务处理程序。要求根据第3章中列举的南方吉祥电器制造厂2017年12月的有关经济业务填制原始凭证。

知识点　填制原始凭证的基本要求

1. 原始凭证的内容必须具备：凭证的名称；填制凭证的日期；填制凭证单位名称或填制人姓名；经办人员的签名或盖章；接收凭证单位名称；经济业务内容；数量、单价和金额。

2. 从外单位取得的原始凭证，必须盖有填制单位的公章；从个人取得的原始凭证，必须有填制人员的签名或盖章。自制原始凭证必须有经办单位领导人或其指定人员的签名或盖章；对外开出的原始凭证，必须加盖本单位的公章。

3. 凡填有大、小写金额的原始凭证，其大、小写金额必须相符。购买实物的原始凭证，必须有验收证明；支付款项的原始凭证，必须有收款单位和收款人的收款证明。

4. 一式几联的原始凭证，应当注明各联的用途，只能以其中一联作为报销凭证。

5. 发生销货退回现象的，除需填制退货发票外，还必须有退货验收证明；退款时，必须取得对方的收款收据或汇款银行的凭证，不得以退货发票代替收据。

6. 职工因公外出所开具的借款凭据，必须附在记账凭证之后。收回借款时，应当另开收据或退还借据副本，不得退还原借款收据。

7. 经上级有关部门批准的经济业务，应当将批准文件作为该项经济业务的原始凭证的附件；如果批准文件需要单独归档，应当在凭证上注明批准机关名称、批准日期和文件字号。

4. 填制记账凭证

根据填制的原始凭证，对每笔经济业务分类编制收款凭证、付款凭证和转账凭证，或者采用通用记账凭证，并将相关的原始凭证附于记账凭证之后。

知识点 填制记账凭证的基本要求

1. 记账凭证的内容必须具备：填制凭证的日期；凭证编号；经济业务摘要；会计科目；金额；所附原始凭证张数；填制凭证人员、稽核人员、记账人员、会计机构负责人、会计主管人员的签名或盖章。收款和付款记账凭证还应当由出纳人员签名或盖章。

2. 填制记账凭证时，应当对记账凭证进行连续编号。一笔经济业务需要填制两张以上记账凭证的，可以采用分数编号法进行编号。

3. 记账凭证可以根据每一张原始凭证填制，也可以根据若干张同类原始凭证汇总填制，还可以根据原始凭证汇总表填制。但是，不得将不同内容和类别的原始凭证汇总填制在一张记账凭证上。

4. 除结账和更正错误的记账凭证可以不附原始凭证外，其他记账凭证必须附有原始凭证。如果一张原始凭证涉及几张记账凭证，可以把原始凭证附在一张主要的记账凭证后面，并在其他记账凭证上注明附有该原始凭证的记账凭证的编号或者附原始凭证复印件。一张原始凭证上所列的支出费用需要几个单位共同负担的，应当将其他单位负担的部分开出对方原始凭证分割单给各单位，进行结算。原始凭证分割单必须具备原始凭证的基本内容，包括凭证名称、填制凭证日期、填制凭证单位名称或填制人姓名、经办人的签名或盖章、接收凭证单位名称、经济业务内容、数量、单价、金额和费用分摊情况等。

5. 如果在填制记账凭证时发生错误，应当重新填制。已经登记入账的记账凭证，在当内发现填写错误时，可以用红字填写一张与原内容相同的记账凭证，在“摘要”栏注明“注销某月某日某号凭证”字样，同时再用蓝字重新填制一张正确的记账凭证，注明“订正某月某日某号凭证”字样。如果会计科目没有错误，只是金额错误，可以以正确数字与错误数字之间的差额另外填制一张调整的记账凭证，调增金额用蓝字，调减金额用红字；发现以前年度记账凭证有错误的，应当用蓝字填制一张更正的记账凭证。

6. 记账凭证填制完经济业务事项后，如有空行，应当自金额栏最后一笔金额数字下的空行处至合计数上的空行处画线注销。

知识点 填制会计凭证的书写要求

1. 阿拉伯数字应当一个一个地写；不得连笔写；阿拉伯金额数字前面应当书写货币币种符号或货币名称简写和币种符号；币种符号与阿拉伯金额数字之间不得留有空白；凡阿拉伯数字前写有币种符号的，数字后面不再写货币单位。

2. 所有以元为单位（其他货币种类为货币基本单位，下同）的阿拉伯数字，除表示单价等情况外，一律填写到角分。无角分的，角位和分位可写“00”，或者符号“—”；有角无分的，分位应当写“0”，不得用符号“—”代替。

3. 汉字大写数字金额如零、壹、贰、叁、肆、伍、陆、柒、捌、玖、拾、佰、仟、万等，一律用正楷体或行书体书写，不得用〇、一、二、三、四、五、六、七、八、九、十等简化字代替，更不得任意自造简化字。大写金额数字到元或角为止的，在“元”或“角”字之后应当写“整”字或“正”字；大写金额数字有分的，“分”字后面不写“整”或“正”字。

4. 大写金额数字前未印有货币名称的，应当加填货币名称。货币名称与金额数字之间不得留有空白。

5. 阿拉伯金额数字中间有“0”时，汉字大写金额要写“零”字；阿拉伯数字金额中间连续有几个“0”时，汉字大写金额中可以只写一个“零”字；阿拉伯金额数字元位是“0”，或者数字中间连续有几个“0”，且元位也是“0”但角位不是“0”时，汉字大写金额可以只写一个“零”字，也可以不写“零”字。

5. 成本核算

对制造业企业而言，在日常的会计处理过程中有一项重要的工作，即成本核算。采购费用分摊、制造费用归集和分配是这类企业会计核算的重要内容，需要在会计综合实训中加强练习，最终达到熟练应用的目的。

6. 登记账簿

登记账簿时，对现金日记账、银行存款日记账和有关明细分类账，应在业务发生时根据记账凭证和原始凭证进行登记；对各有关总分类账，则应区别不同业务，选择不同的账务处理程序进行登记。

知识点　登记会计账簿的基本要求

1. 登记会计账簿时，应当将会计凭证日期、编号、业务内容摘要、金额和其他有关资料逐项记入账内，做到数字准确、摘要清楚、登记及时、字迹工整。

2. 登记完毕后，要在记账凭证上签名或盖章，并注明已经登账的符号，表示已经记账。

3. 账簿中书写的文字和数字上面要留有适当的空距，不要写满格，一般应占格距的1/2。

4. 登记账簿要用蓝黑墨水或碳素墨水书写，不得使用圆珠笔（银行的复写账簿除外）或铅笔。

5. 下列情况，可以用红色墨水记账。

①按照红字冲账的记账凭证，冲销错误记录；②在不设“借”“贷”等栏的多栏式账页中，登记减少数；③在三栏式账户的“余额”栏前，如未印明余额方向，在“余额”栏内登记负数余额；④根据国家统一会计制度的规定可以用红字登记的其他会计记录。

6. 各种账簿按页次顺序连续登记，不得跳行、隔页。如果发生跳行、隔页，应当将空行、空页画线注销，或者注明“此行空白”“此页空白”字样，并由记账人员签名或盖章。

7. 凡需要结出余额的账户，结出余额后，应当在“借或贷”等栏内写明“借”或“贷”等字样。没有余额的账户，应当在“借或贷”等栏内写“平”字，并在余额栏内用“0”表示。现金日记账和银行存款日记账必须逐日结出余额。

8. 每一账页登记完毕结转下页时，应当结出本页合计数及余额，写在本页最后一行和下页第 1 行的有关栏内，并在“摘要”栏内注明“过次页”和“承前页”字样。也可以将本页合计数及金额只写在下页第 1 行的有关栏内，并在“摘要”栏内注明“承前页”字样。

7. 对账和结账

月末先调整有关应计、预计项目，再结出各类账户的本期发生额及期末余额，将总分类账簿、明细分类账簿、日记账簿中的相关内容进行核对，并按权责发生制的要求计算、结转损益，结平损益类账户，结出资产负债表中各项目的余额。

知识点　对账要求

各单位应当定期将会计账簿记录中的有关数字与库存实物、货币资金、有价证券、往来单位或个人等进行相互核对，保证账证相符、账账相符、账实相符。对账工作每年至少进行一次。

1. 账证核对。核对会计账簿记录同原始凭证和记账凭证的时间、凭证字号、内容、金额是否一致，记账方向是否相符。

2. 账账核对。核对不同会计账簿之间的账簿记录是否相符，包括总账有关账户的余额核对、总账与明细账核对、总账与日记账核对、会计部门的财产物资明细账同财产物资保管和使用部门的有关明细账核对等。

3. 账实核对。核对会计账簿记录与财产等的实有数额是否相符，包括现金日记账账面余额与现金实际库存数相核对；银行存款日记账账面余额定期同银行对账单相核对；各种财物明细账账面余额同实存数额相核对；各种应收、应付款明细账账面余额同有关债务、债权单位或个人核对，等等。

知识点　结账要求

1. 结账前，必须将本期内所发生的各项经济业务全部登记入账。

2. 结账时，应当结出每个账户的期末余额。需要结出当月发生额的，应当在“摘要”栏内注明“本月合计”字样，并在下面通栏画单红线；需要结出本年累计发生额的，应当在“摘要”栏内注明“本年累计”字样，并在下面通栏画单红线；12 月末的“本年累计”就是全年累计发生额。在“全年累计发生额”下面应当通栏画双红线。年度终了结账时，所有总账账户都应当结出全年的发生额和年末余额。

3. 年度终了，要把各账户的余额结转到下一会计年度，并在“摘要”栏注明“结转下年”字样；在下一会计年度新建的有关会计账簿的第 1 行“余额”栏内填写上年结转的余额，并在“摘要”栏注明“上年结转”字样。

8. 编制会计报表

根据准确无误的账簿记录编制资产负债表、利润表和现金流量表。

知识点　编制报表要求

1. 各单位对外报送的财务报告应当根据国家统一会计制度规定的格式和要求编制。单位内部使用的财务报告，其格式和要求由各单位自行规定。

2. 会计报表应当根据登记完整的且核对无误的会计账簿记录和其他有关资料编制，做到数字真实、计算准确、内容完整、说明清楚。

3. 任何人不得篡改或授意、指使、强令他人篡改会计报表的有关数字。对外报送的财务报告，应当依次编定页码，加具封面，装订成册，加盖公章。封面上应当注明单位名称，单位地址，财务报告所属年度、季度、月度，送出日期等，并由单位领导人、总会计师、会计机构负责人、会计主管人员签名或盖章。

4. 单位领导人对财务报告的合法性、真实性负法律责任。

9. 会计档案的装订和保管

月末，将收款凭证、付款凭证和转账凭证或通用记账凭证分别按编号排列，折叠整齐，加具封面，装订成册。同时，还应将日记账、总分类账、明细分类账及会计报表分别加具封面，装订成册。对本实训材料同样要求将其装订成册，便于考核学生的学习情况。

下面介绍日常会计工作中必须注意的问题。

（1）现金银行账务

① 一个企业原则上只允许开设一个基本账户。基本账户可以提现，也可以转账；非基本账户只能用于结算和专户存放，不能提取现金。

② 公款不能私存，也不能转账。目前只允许划转个人工资及劳务费，但必须先交纳个人所得税，拿着税单到银行转账。

③ 企业不能私设小金库，也不能以收入的现金抵库存。收入应于收款当日交存银行。

④ 出纳每日的收支情况应日清月结，并登记日记账。企业应定期或不定期地对出纳手头上的现金进行盘点。盘点时应出具盘点表，由出纳、盘点人及财务负责人签字确认。

⑤ 职工借款时需填写借款单，按规定办理借款审批手续；还款时另开收据，不能退回借款单。

⑥ 每月月末应编制银行存款余额调节表。

⑦ 出纳不能兼会计岗位（固定资产台账及存货明细账除外）。

⑧ 支票上的签名、印章应同银行预留的印鉴一致，一般需盖印财务专用章和法定代表人的人名章。

⑨ 财务章应由专人保管，出纳不能保管所有的印章。

（2）凭证审核

① 所有的原始凭证应确保合法、合理、准确、及时、完整。

② 所有的发票都应有国家税务总局监制章及单位的发票专用章或公章；业务发生单位的名称同发票章上的单位名称应一致；业务发生时间同发票签发时间应一致；内容应具体、真实。购买货物、工程结算的发票需要有验收证明。普通发票都有菱形水印，水印清晰完整为真，否则为假，也可打税务专线查询发票的真假。增值税发票中的万元发票必须由电脑签发，手工票无效；要注意发票密码区是否清晰完整；错票应保留而不能撕毁。运费发票种类较多，应根据实际工作确认该收哪一种。另外，要注意检查发票金额的币种是否正确，是否符合行业要求等。

③ 记账凭证的内容应有凭证的名称、日期、业务内容、数量、单价和金额及制单人、审核人、核准人的签章。

④ 各明细账、总账必须核对相符。

⑤ 账表应核对相符。

⑥ 报表应由制表人、审核人、财务负责人、企业负责人签字并加盖公章后才能正式报出。

⑦ 会计凭证应按类、按月归档。必须按照《会计档案管理办法》的规定进行管理。

（3）资产管理

① 固定资产一物一牌，登记台账管理。

② 固定资产报废后应及时清理。

③ 购买或报废清理固定资产时都需要有相应的手续。如果是进口免税固定资产，报废清理时需要有海关核销证明。

1.2 会计综合实训的基本原则和方法

1. 会计综合实训的基本原则

会计综合实训的目的就是为学生提供一个模拟的工作空间，提高学生的实际应用能力。本实训把握以下原则，为会计的理论与实务相结合提供连接的桥梁。

（1）普遍性原则

会计综合实训所选择的业务是大部分企业日常工作中普遍存在的，是企业经常发生、频繁出现的业务，也是企业基本的经济业务。通过会计综合实训，掌握基本的、普遍存在的会计业务，便于学生提高对会计知识的认知和应用能力。

（2）实用性原则

通过会计综合实训，可以将理论知识真正应用到实务工作中，有利于学生认识到实务工作和理论知识的差距，了解实务工作的具体程序，使学生步入社会后能更好地应用理论知识，在实务工作中大显身手。

（3）可操作性原则

本书中的实训材料以实际工作中企业所发生的经济业务为例，并采用真实的原始凭证，给学生一个逼真的工作环境。从设立账户、填制原始凭证、编制记账凭证、登记账簿，直至结账和编制报表，整个工作流程具有较强的操作性，为学生提供了良好的锻炼空间。

2. 会计综合实训的方法

会计综合实训的目的主要是训练学生对会计核算方法的应用。具体采用的实训方法主要有以下几种。

（1）设置会计科目

参照《企业会计制度》的规定，设置会计科目，详见3.1节的建账资料。

（2）记账方法

按照规定，我国的企、事业单位统一采用借贷记账法进行账务处理。在实训中，通过对借贷记账法的应用，加深学生的理解和运用。

（3）填制与审核凭证

原始凭证和记账凭证的填制与审核两部分工作是会计核算工作的基础，必须做到认真、谨慎，防止出现用错科目或记录错误等现象，务必保证原始凭证的正确性、合法性。

（4）账簿登记

根据审核无误的凭证登记相关账簿。注意错账更正时应采用专门的方法，不允许挖、擦、刮、补记账凭证，要培养良好的工作习惯。

（5）成本核算

成本核算是制造企业的重要核算环节。在本环节中，要注意间接费用分配率的选择应符合企业的生产特点。

（6）财产清查

必须保证账实相符。虽然在实训中不能真实体现出财产清查方法的应用，但根据业务资料，应掌握财产清查的账务处理方法。

（7）编制报表

会计报表作为财务工作的成果，应慎重编制。应根据结账后的资料编制报表，并同账簿进行核对，保证报表的正确性。

1.3 会计综合实训的考核、进度安排及所需资料

1. 会计综合实训的考核

会计综合实训结束后，教师应根据学生的实训成果（凭证、账册、报表等资料）及在实训过程中的具体表现评价学生的综合实训成绩。

评分参考标准如下。

（1）分数等级

优（90分以上）、良（80~89分）、中（70~79分）、及格（60~69分）、不及格（60分以下）。

（2）分数比例

业务处理的正确性：60%

规范及整洁：25%

学习态度：15%

2. 会计综合实训的进度安排

本实训以72学时为基础安排进度，教师可根据情况作适当的调整。

① 原始凭证的填制与审核	16学时
② 记账凭证的填制与审核	36学时
③ 登记账簿	12学时
④ 编制会计报表	6学时
⑤ 实训资料的整理与装订	2学时

3. 进行会计综合实训操作的必备工具和资料

① 记账黑色墨水钢笔（或蓝黑色墨水钢笔）：1支/人。

② 记账红色墨水钢笔：1支/人。

③ 固体胶：1瓶/人。

④ 铁夹：2个/人。

⑤ 直尺：1个/人。

⑥ 通用记账凭证：140张/人；科目汇总表：4张/人。

（或者收款凭证：15张/人；付款凭证：59张/人；转账凭证：66张/人）。

⑦ 现金日记账账页：2张/人。

⑧ 银行存款日记账账页：3张/人。

⑨ 三栏明细账账页：70张/人。

⑩ 十三栏账账页（即费用账账页）：10张/人。

⑪ 生产成本明细账账页：3张/人。

⑫ 数量金额式账账页：8 张 / 人。

⑬ 增值税一般纳税人增值税明细账账页：2 张 / 人。

⑭ 订本式总账：1 本 / 人（或 60 张 / 人）。

⑮ 会计凭证封面：4 张 / 人。

⑯ 资产负债表：1 张 / 人。

⑰ 利润表：1 张 / 人。

⑱ 现金流量表：1 张 / 人。

⑲ 档案袋：1 个 / 人。

⑳ 装订线：1 扎 / 班。

㉑ 装订机：1 个 / 班（装订机不必让学生购买，由教师到学校财务室借用即可）。

第2章 会计综合实训企业基本情况

本章学习要点

本章介绍企业的基本情况。通过本章的学习，要求学生了解企业的基本信息、企业会计机构的设置及其组成成员、企业应遵循的会计核算制度等。本章的内容是后续综合实训的基础。

2.1 企业概况

企业的组织形式分为独资企业、合伙企业和公司 3 种。

公司分为有限责任公司、无限责任公司和股份公司 3 种。

股份公司分为股份有限公司、股份无限公司、股份两合公司 3 种。

股份有限公司的组织结构如下。

股东大会——董事会——总经理

　　　　——监事会

本实训以下列企业信息作为核算的基础。

1. 单位名称：南方吉祥电器制造厂

2. 单位地址：南方市海利路 118 号

3. 单位电话：31586889

4. 开户银行：工商银行南方市分行

5. 银行账号：5918336544786991899（此为基本账户，结算账户及专用账户略）

6. 税务登记证号：6188991549617866115

7. 生产、管理及服务机构：①行政部（下设厂部办公室、财务科、总务科、成本核算科）；②销售部；③供应部；④生产部［下设第一生产车间（简称一车间）、第二生产车间（简称二车间）和机修车间］。

2.2 企业会计机构及会计管理制度

1. 企业的会计机构

根据《会计法》的规定，各单位应当根据会计业务的需要设置会计机构，或者在有关机构中设置会计人员，并指定会计主管人员。会计工作岗位可以一人一岗、一人多岗或一岗多人，但出纳人员不得兼管稽核、会计档案保管工作及收入、费用、债权债务账目的登记工作。

企业的主要责任人如下。

① 厂长（法人代表）：负责公司的全面经营管理工作。

② 副厂长：主要负责公司生产、科研开发方面的管理工作。

③ 副厂长：主要负责公司采购、销售方面的管理工作。

④ 会计主管（财务科科长）：主要负责制定公司各项财务规章制度及会计凭证的审核、科目汇总表的编制、总账的登记。

⑤ 出纳：主要负责办理现金出纳业务、登记现金日记账和银行存款日记账及工资结算表的编制。

⑥ 会计（财务科副科长）：主要负责全部记账凭证的填制及财产物资明细账和股东权益明细账的登记。

⑦ 会计：主要负责成本核算、往来业务核算、损益类账户的核算、纳税申报、开具各种发票等工作。

本实训主体的会计机构及人员设置如下。

企业名称：南方吉祥电器制造厂

厂长：王青

副厂长：王成　黄力佳

财务科科长：代保珍

财务科副科长：李民

会计：李文海

出纳：周州

成本核算科科长：李群

成本核算科副科长：杨明

销售科科长：彭智

销售科副科长：毛业

供应科科长：王赐中

供应科副科长：林超

生产管理科科长：黄力佳

生产管理科副科长：刘强 朱晓林 李立

总务科科长：张有宝

总务科副科长：王峰 申兰 沙宝 商凯

设备主管：黎明

2. 企业的会计管理制度

我国现行的会计管理体系包括以下层次和内容。

（1）会计法律

新修订的《中华人民共和国会计法》于2000年7月1日起施行。

（2）会计行政法规

《企业财务会计报告条例》于2001年1月1日起施行；《总会计师条例》于1990年12月31日发布。

（3）会计部门规章

① 国家统一的会计核算制度

- 会计准则：《企业会计准则》包括1个基本准则，38个具体准则
- 会计制度
  - 企业会计制度
  - 分行业企业会计制度
  - 小企业会计制度、金融企业会计制度
  - 非企业会计制度：民间非营利组织会计制度；行政、事业单位会计制度

② 国家统一的会计监督制度：散见于相关的会计制度中。

③ 国家统一的会计机构和会计人员管理制度：《会计从业资格管理办法》《会计人员继续教育暂行规定》。

④ 国家统一的会计工作管理制度：《会计档案管理办法》《会计电算化管理办法》《代理记账管理暂行办法》等。

（4）地方性会计法规

在实务工作中，企业依据上述法律、法规，结合自身的实际特点，制定相应的会计核算制度。股份制企业的会计核算主要遵循《企业会计制度》和《企业会计准则》进行会计处理。

3. 企业的核算要求

① 南方吉祥电器制造厂采用科目汇总表账务处理程序。科目汇总表每半月汇总一次，汇总后登记总账。

② 南方吉祥电器制造厂库存现金限额为5 000元。

③ 南方吉祥电器制造厂生产A、B、C、D四种产品。A、B、C、D四种产品采用品种法，按实际成本计算发生的成本；生产成本明细账按产品品种设置；完工产品成本与在产

品成本按约当产量法进行分配。有两个基本生产车间，其中一车间生产A、B两种产品，二车间生产C、D两种产品；另有机修车间负责维护机器设备。

④ 材料核算。A、B、C、D四种产品的生产需要甲材料、乙材料、M自制半成品和丁材料。甲、乙两种材料的发出采用计划成本核算，材料成本差异在月末进行调整；丁材料由委托南方第二拉丝厂加工的M自制半成品加工而成，且只用于C产品的生产，按实际成本（先进先出法）核算。材料开工时一次投入产品生产。

⑤ 成本核算。机修车间发生的费用在月末按耗用的实际工时分配给各基本生产车间和管理部门，辅助生产车间的制造费用不通过“制造费用”账户核算；基本生产车间制造费用按车间生产工时比例分别转入到A、B、C、D四种产品成本中；低值易耗品分品种采用一次摊销法和五五摊销法核算；包装物采用一次摊销法核算；发出产品成本按先进先出法核算；固定资产采用直线法计提折旧，月折旧率为2.67%。

⑥ 成本费用明细账按成本项目设置专栏。生产成本明细账分A产品、B产品、C产品、D产品设置成本项目，包括直接材料、直接人工、制造费用；制造费用按基本生产车间开设明细账，包括一车间、二车间；管理费用的费用项目有工资、福利费、办公费、差旅费、运输费、折旧费、业务招待费、职工教育经费、工会经费、修理费、水电费、税金等。

⑦ 交易性金融资产和可供出售金融资产在期末按照公允价值计量。

⑧ 年末，按应收账款及其他应收款余额的5‰计提坏账准备。

⑨ 存货跌价准备采用成本与可变现净值孰低法计提。

第3章 会计综合实训资料

本章学习要点

本章详细列举了南方吉祥电器制造厂 2017 年 12 月份的基本经济业务。通过本章的学习,要求学生掌握企业基本经济业务的核算,熟练填制原始凭证和记账凭证,登记各种账簿,进行成本核算,科学地编制会计报表。

3.1 会计综合实训期初建账资料

南方吉祥电器制造厂 2017 年 11 月 30 日的有关资料如下。

1. 2017 年 11 月 30 日各总账账户余额如表 3-1 所示。

表 3-1 总账账户余额表 元

会计科目	借方余额	会计科目	贷方余额
库存现金	3 185.76	累计折旧	195 368.44
银行存款	4 348 617.28	累计摊销	2 000.00
交易性金融资产	116 400.00	坏账准备	4 126.88
应收账款	814 856.78	短期借款	58 000.00
预付账款	86 980.00	应付票据	170 000.00
其他应收款	65 000.00	应付账款	83 654.85
库存商品	868 712.59	预收账款	40 000.00
基本生产成本	57 721.52	应付职工薪酬	56 185.12
原材料	445 140.00	应交税费	23 863.15
材料成本差异	16 779.00	应付利息	4 100.00
周转材料	25 020.00	其他应付款	13 161.60
可供出售金融资产	100 000.00	长期借款	1 200 000.00
持有至到期投资	640 000.00	实收资本	8 500 000.00

（续表）

会计科目	借方余额	会计科目	贷方余额
长期股权投资	280 000.00	资本公积	260 259.30
固定资产	3 644 193.26	盈余公积	89 222.07
在建工程	558 632.80	利润分配	239 356.28
无形资产	120 000.00	本年利润	1 251 941.30
合　计	12 191 238.99	合　计	12 191 238.99

2. 2017 年 11 月 30 日资产类账户明细账余额如表 3-2 所示。

表 3-2　　资产类账户明细账余额表　　元

总　账	明 细 账	数　量	单　价	借方余额
交易性金融资产	琼金盘股票（成本）			61 300.00
	新大洲债券（成本）			55 100.00
应收账款	河南无线电厂			15 000.00
	南京无线电厂			100 000.00
	河南商丘电器贸易公司			397 700.00
	吉林电器厂			302 156.78
预付账款	河北唐山有色金属材料公司			50 000.00
	广州五金有限公司			36 980.00
其他应收款	本公司销售科备用金			30 000.00
	本公司供应科备用金			20 000.00
	黄力佳			15 000.00
坏账准备	应收账款			-3 820.26
	其他应收款			-306.62
原材料	甲材料	23 000 千克	11.00	253 000.00
	乙材料	19 000 千克	9.00	171 000.00
	M 自制半成品	700 件	30.20	21 140.00
材料成本差异	甲材料成本差异			11 286.82
	乙材料成本差异			5 492.18
库存商品	A 产品	4 700 件	108.77	511 237.26
	B 产品	3 600 件	99.30	357 475.33
周转材料	低值易耗品——工作服	150 套	118.00	17 700.00
	低值易耗品——手套	300 副	3.60	1 080.00
	包装物——铁盒	48 个	130.00	6 240.00
可供出售金融资产	罗牛山股票（成本）	12 500 股	8.00	100 000.00
持有至到期投资	南昌制药厂——成本			200 000.00
	沈阳电厂——成本			400 000.00
	沈阳电厂——应计利息			40 000.00
长期股权投资	深圳机电股份有限公司	20 000 股	9.00	180 000.00
	南方大强实业股份有限公司			100 000.00

（续表）

总　账	明细账	数　量	单　价	借方余额
固定资产	一车间——房屋及建筑物			940 160.18
	一车间——机器设备			509 754.26
	二车间——房屋及建筑物			641 902.77
	二车间——机器设备			451 816.84
	机修车间——房屋及建筑物			286 601.35
	机修车间——机器设备			93 614.21
	厂部——房屋及建筑物			720 343.65
累计折旧	一车间——房屋及建筑物			−50 401.99
	一车间——机器设备			−27 327.93
	二车间——房屋及建筑物			−34 412.41
	二车间——机器设备			−24 221.90
	机修车间——房屋及建筑物			−15 364.69
	机修车间——机器设备			−5 018.66
	厂部——房屋及建筑物			−38 620.86
在建工程	一车间——铣床			231 904.51
	二车间——仓库			326 728.29
无形资产	专利权（使用年限 10 年）			120 000.00
累计摊销	专利权			−2 000.00
基本生产成本	A 产品	290 件		22 634.10
	B 产品	110 件		8 585.35
	C 产品	270 件		14 311.12
	D 产品	230 件		12 190.95

3. 2017 年 11 月 30 日负债及所有者权益类账户明细账余额如表 3–3 所示。

表 3–3　**负债及所有者权益类账户明细账余额表**　元

总　账	明细账	贷方余额
短期借款	工商银行（4 个月，年利率为 5%）	20 000.00
	工商银行（9 个月，年利率为 6%）	38 000.00
应付票据	银行承兑汇票（武汉机械制配厂）	100 000.00
	商业承兑汇票（南宁阳光设备公司）	70 000.00
应付账款	长沙有色金属材料厂	31 654.85
	上海轻化公司	32 000.00
	浙江模具厂	20 000.00
预收账款	沈阳电器商贸有限责任公司	40 000.00
应付职工薪酬	职工福利	54 716.19
	社会保险费	1 468.93
应交税费	未交增值税	21 693.78
	应交城市维护建设税	1 518.56
	应交教育费附加	650.81
应付利息	工商银行	4 100.00
其他应付款	南方琼洲贸易公司	13 161.60
长期借款	工商银行（5 年期，年利率为 6%）	1 200 000.00

（续表）

总　账	明 细 账	贷 方 余 额
实收资本	北京建设科技股份有限公司	5 000 000.00
	南方高科贸易有限公司	2 000 000.00
	广州建安房地产有限责任公司	1 500 000.00
资本公积	资本溢价	136 279.35
	其他资本公积	123 979.95
盈余公积	法定盈余公积	59 481.38
	任意盈余公积	29 740.69
利润分配	未分配利润	239 356.28
本年利润		1 251 941.30

4. 2017 年 11 月 30 日“基本生产成本”明细分类账账户余额如表 3–4 所示。

表 3–4　“基本生产成本”明细分类账账户余额表　元

项　目 产品名称	直接材料	直接人工	制造费用	合　计
A 产品	10 972.65	6 117.72	5 543.73	22 634.10
B 产品	4 162.04	2 320.52	2 102.79	8 585.35
C 产品	6 398.60	4 184.67	3 727.85	14 311.12
D 产品	5 450.66	3 564.71	3 175.58	12 190.95
合　计	26 983.95	16 187.62	14 549.95	57 721.52

5. 2017 年 12 月份产品产量有关资料如表 3–5 所示。

表 3–5　产品产量有关资料表

项 目	A 产品 / 件	B 产品 / 件	C 产品 / 件	D 产品 / 件
月初在产品	290	110	270	230
本月投产	3 800	1 800	1 900	2 200
本月完工	3 100	1 700	1 500	2 300
月末在产品	990	210	670	130
投料方式	一次投入	一次投入	一次投入	一次投入
在产品完工程度	50%	70%	60%	65%

6. 2017 年 1—11 月损益类账户的累计发生额如表 3–6 所示。

表 3–6　2017 年 1—11 月损益类账户累计发生额　元

损益类账户	2017 年 1—11 月累计发生额
主营业务收入	7 571 404.39
A 产品	4 819 133.26
B 产品	2 752 271.13
其他业务收入	5 300.00
投资收益	28 234.00
营业外收入	4 800.00
主营业务成本	4 145 800.00
A 产品	2 638 765.76
B 产品	1 507 034.24
其他业务成本	2 300.00

（续表）

损益类账户	2017 年 1—11 月累计发生额
营业税金及附加	162 719.27
销售费用	215 000.00
广告费	215 000.00
管理费用	1 192 811.34
工资	189 284.88
福利费	35 189.00
办公费	340 682.21
差旅费	244 390.51
运输费	18 500.00
折旧费	211 564.87
业务招待费	7 600.00
工会经费	42 980.00
职工教育经费	2 064.13
修理费	12 000.00
水电费	36 338.28
税金	12 300.00
其他	39 917.46
财务费用	5 124.67
利息支出	5 124.67
营业外支出	17 414.00
所得税费用	616 627.81

提示

- 为简化实训工作，本企业仅列出各账户 11 月份的期初余额，年初余额不再列示。
- 建账时可参考第 4 章会计信息化实训资料所列账户开设账簿。
- 建议手工建账与信息化建账二者并行。

3.2 会计综合实训本期经济业务资料

南方吉祥电器制造厂 2017 年 12 月份发生如下经济业务（甲材料的计划单价为 11 元 / 千克，乙材料的计划单价为 9 元 / 千克）。

1）1 日，从广东佛山金属材料有限公司购进甲材料 8 000 千克。单价为 12 元 / 千克，价款为 96 000 元，增值税税率为 17%，进项税税额为 16 320 元。款项已通过电汇方式付清，材料已验收入库。

2）1 日，以现金支付职工李群的医疗费 128.63 元。

3）1 日，出售交易性金融资产（琼金盘股票）。原购入价为 61 300 元，现出售价为 66 000 元，交易手续费为 1 000 元，出售净价为 65 000 元。款项存入银行。

4）1 日，从南方冶炼厂购进乙材料 6 000 千克。单价为 10 元 / 千克，价款为 60 000 元，增值税税率为 17%，进项税税额为 10 200 元。款项尚未支付，材料已验收入库。

5）2 日，签发现金支票一张，从银行提取现金 1 000 元备用。

6）2 日，开出转账支票一张，支付市环境保护局应交排污费 600 元。

7）2 日，开出转账支票一张，支付一车间应交市交通运输管理局运输管理费 362 元。

8）2 日，用银行存款支付地税局车船使用税 183 元。

9）3 日，购入南方中发集团股票 1 000 000 股。每股 0.4 元，交易手续费为 2 550 元，用银行转账方式支付，准备长期持有。此次投资占中发集团股份的 20%，具有重大影响。本公司采用权益法核算。

10）3 日，一车间生产 A 产品领用甲材料 20 000 千克，一车间生产 B 产品领用甲材料 10 000 千克，一车间一般耗费甲材料 80 千克、乙材料 50 千克；机修车间领用乙材料 40 千克；行政管理部门耗费甲材料 10 千克、乙材料 20 千克。根据每一种材料的用途填写领料单（此时不做会计分录，到月底再做汇总会计分录）。

11）3 日，我公司原购买沈阳电厂的长期债券已经到期。现收回本金 400 000 元及利息 60 000 元，款项存入银行。该债券的票面利率为 5%，期限是 3 年，前两年的利息 40 000 元已计入“持有至到期投资——沈阳电厂（应计利息）”科目。

12）4 日，公司总部办公室王艳明报销邮寄费 226.58 元。用现金支付。

13）4 日，行政部门刘强借支差旅费 1 800 元。开出现金支票一张予以支付。

14）4 日，二车间生产 C 产品领用乙材料 9 000 千克，二车间生产 D 产品领用乙材料 11 000 千克，二车间一般耗费甲材料 60 千克、乙材料 30 千克；机修车间领用甲材料 50 千克；行政管理部门耗费甲材料 25 千克、乙材料 15 千克。根据每一种材料的用途填写领料单（此时不做会计分录，到月底再做汇总会计分录）。

15）4 日，开出转账支票一张，支付二车间应交市交通运输管理局运输管理费 248 元。

16）4 日，向湖北通益电器有限公司销售 A 产品 900 件。单价为 200 元 / 件，价款为 180 000 元，增值税税率为 17%，销项税税额为 30 600 元。款项通过银行收讫，以电汇方式结算（已销产品暂时不结转其成本，到月底再汇总结转成本）。

17）5 日，用现金支付张江喜医药费 528.64 元。

18）5 日，厂部办公室职工黄力佳上月借款 15 000 元，出差到北京开信息交流会，现回来报销差旅费 12 618.64 元，余款交回现金 2 381.36 元。

19）5 日，用现金支付财务科杨明购买办公用品费 229.64 元。

20）5 日，向广东利奋电子有限公司销售 B 产品 800 件。单价为 180 元 / 件，价款为 144 000 元，增值税税率为 17%，销项税税额为 24 480 元。收到一张不带息的 6 个月的银行承兑汇票（已销产品暂时不结转其成本，到月底再汇总结转成本）。

21）8日，偿还银行短期借款 20 000 元。

22）8日，提取现金 207 998.90 元，准备发放工资。

23）8日，用现金支付 12 月份职工工资 207 998.90 元。

24）8日，收到南京无线电厂所欠 A 产品货款 100 000 元。用委托收款结算方式结算。

25）9日，开出转账支票一张，支付南方琼洋酒店管理服务有限公司招待客人餐费 600 元。

26）9日，用现金支付购支票款 26 元。其中，现金支票 2 本，单价 6 元 / 本；转账支票 2 本，单价 7 元 / 本。

27）9日，用银行存款支付上月未交增值税 21 693.78 元，城市维护建设税 1 518.56 元，教育费附加 650.81 元。

28）9日，转让原购买深圳机电股份有限公司的股份 20 000 股。原购入价为 180 000 元，现每股转让价 10.02 元，股款共计 200 400 元，其中交易手续费为 400 元，出售净价为 200 000 元。款项存入银行。

29）10日，开出转账支票一张，支付南方立达安装有限公司安装一车间铣床的费用 15 369.06 元。

30）10日，行政科王南达用现金购买办公用品共计 328.14 元。用现金支付。

31）10日，一车间领用工作服 70 套，二车间领用工作服 60 套，机修车间领用工作服 10 套。工作服每套 118 元（低值易耗品采用一次摊销法）。

32）10日，南方光明电缆厂增加投资款。收到面值为 500 000 元的银行本票一张，当日送存银行。

33）11日，从南方挤压机厂购入机修车间生产需要安装的挤压机一台。价款为 20 000 元，增值税税额为 3 400 元。开出转账支票一张。

34）11日，向南方塑料公司出售甲材料 50 千克。价款为 960 元（含税价），增值税税率为 17%。价款以现金收讫并送存银行，只做收款会计分录。根据材料的用途填写领料单（发出材料暂时不做会计分录，到月底才做会计分录）。

35）11日，请南方机电安装有限公司安装机修车间挤压机。发生安装人工费用 1 376.40 元，用转账支票支付。挤压机交付使用。

36）11日，一车间领用手套 120 副，二车间领用手套 90 副，机修车间领用手套 50 副。每副手套 3.6 元（低值易耗品采用一次摊销法）。

37）12日，行政部门刘强出差回来，报销差旅费 1 156 元，交回余款现金 644 元（4 日刘强借支 1 800 元）。

38）12日，用转账支票一张支付南方金亿广告服务有限公司销售产品广告费 19 080 元。

39）12日，向山西广播电视影业公司销售 A 产品 600 件。单价为 200 元 / 件，价款为 120 000 元，增值税税率为 17%，销项税税额为 20 400 元，代垫运杂费（用银行存款支付）4 800 元。款项尚未收到（已销产品暂时不结转其成本，到月底再汇总结转成本）。

40）15日，用电汇结算方式支付前欠浙江模具厂购料款 20 000 元。

41）15日，在建工程铣床安装完毕，已通过验收。铣床投入使用，价值 245 750.51 元

（截至上月底止，“在建工程——一车间——铣床”科目发生的成本为 231 904.51 元，本月铣床发生的成本为 13 846 元）。

42）15 日，向南方机电设备有限公司销售 B 产品 500 件。单价为 180 元 / 件，价款为 90 000 元，增值税税率为 17%，销项税税额为 15 300 元。款项通过银行转账收讫（已销产品暂时不结转其成本，到月底再汇总结转成本）。

43）15 日，收到河南商丘电器贸易公司合同违约金 2 000 元。以信汇方式结算。

44）16 日，开出现金支票一张，从银行提取现金 3 000 元，准备报销职工医药费。

45）16 日，报销职工杨柳医药费 1 146.25 元、张越娟医药费 981.72 元。用现金支付。

46）16 日，以现金支付机修车间运杂费 137.26 元。

47）17 日，开出 6 个月到期的商业承兑汇票一张，支付前欠上海轻化公司的货款 32 000 元。

48）17 日，向南方银光有限公司销售 B 产品 300 件。单价为 180 元 / 件，价款为 54 000 元，增值税税率为 17%，销项税税额为 9 180 元。款项通过银行转账收讫（已销产品暂时不结转其成本，到月底再汇总结转成本）。

49）17 日，接银行付款通知，上交南方市社会保险事业局保险费 1 468.93 元。

50）18 日，副厂长王成赴广州参加新技术研讨会，借支 1 300 元。用现金支付。

51）18 日，河南无线电厂前欠货款 15 000 元已逾期 3 年，经有关部门批准，确认为坏账损失。

52）18 日，职工王雅和张燕报销第四季度托儿费 400 元。以现金支付。

53）19 日，开出转账支票一张，从联想集团南方销售公司购买联想计算机 5 台。单价为 10 000 元 / 台，增值税税率为 17%，取得增值税专用发票一张。行政部门使用此计算机。

54）19 日，从武汉金属材料公司购进乙材料 4 000 千克。单价为 11 元 / 千克，价款为 44 000 元，增值税税率为 17%，进项税税额为 7 480 元。开出了 6 个月到期的商业承兑汇票一张，材料已验收入库。

55）19 日，向南方慈善总会捐赠 3 000 元。用转账支票支付。

56）22 日，收到开户银行的存款利息收入 112.48 元。

57）22 日，收到银行付款通知，支付行政部门应交市电信总公司电话费 1 676.60 元。

58）22 日，从南宁五交化工厂购进甲材料 7 000 千克。单价为 13 元 / 千克，价款为 91 000 元，增值税税率为 17%，进项税税额为 15 470 元。货款已通过信汇方式付清。

59）22 日，武汉机械制配厂所持银行承兑汇票到期，本公司如期兑付 100 000 元。

60）23 日，用信汇方式归还前欠长沙有色金属材料厂货款 31 654.85 元。

61）23 日，开出转账支票一张，从南方文具用品公司购买文件柜 4 个并投入行政部门使用。单价为 340 元 / 个，总价值为 1 591.20 元（采用五五摊销法）。

62）23 日，接受南方华丰电子有限公司捐赠计算机一台。双方确认该计算机现行市价为 4 000 元，尚有九成新，税务机关认定计税金额为 3 600 元。该计算机用于一车间生产控制。

63）24 日，委托南方第二拉丝厂加工 M 自制半成品，本公司再将其加工成丁材料，用于生产C产品。M自制半成品的成本为21 140元，增值税税率为17%，为非应税消费品。本公司用转账方式支付加工费2 100元和进项税税额357元。

64）24日，开出转账支票一张，支付南方伟信建筑工程有限公司出包二车间仓库工程价款139 860元。

65）24日，计算本年度长期专门借款利息120 000元。年初“长期借款”账户金额为1 200 000元，年利率为10%，二车间仓库基建工程尚未交付使用。

66）24日，向南昌机电厂销售A产品700件。单价为200元/件，价款为140 000元，增值税税率为17%，销项税税额为23 800元，代垫运杂费（用银行存款支付）5 000元。收到期限为6个月的银行承兑汇票一张（已销产品暂时不结转其成本，到月底再汇总结转成本）。

67）25日，南方琼洲贸易公司为了包装产品，向我公司借包装物铁盒，现逾期未还，没收其押金13 161.60元。

68）25日，本公司科技部张丽领用甲材料50千克。根据材料的用途填写领料单（此时不做会计分录，到月底再做汇总会计分录）。

69）25日，提取现金1 000元备用。开出现金支票一张。

70）25日，开出转账支票一张，支付市交通运输管理局运输管理费800元。行政部门使用。

71）26日，预付上海恒强建筑工程集团建造二车间仓库工程款555 000元。用电汇方式支付。

72）26日，发放职工困难补助金1 500元。开出现金支票一张。

73）26日，向南方意美公司销售B产品100件。单价为180元/件，价款为18 000元，增值税税率为17%，销项税税额为3 060元。款项通过银行转账收讫（已销产品暂时不结转其成本，到月底再汇总结转成本）。

74）26日，从青岛电气配件公司购进乙材料2 500千克。单价为10元/千克，价款为25 000元，增值税税率为17%，进项税税额为4 250元。货款以信汇方式支付，材料已验收入库。

75）29日，请南方顺通运输有限公司（小规模纳税人）从南方第二拉丝厂运回已用M自制半成品加工成的丁材料。支付南方顺通运输有限公司运杂费900元，开出转账支票一张。丁材料已办理完验收入库手续。

76）29日，生产C产品领用刚从南方第二拉丝厂运回的丁材料500件。其成本为24 140元（其中，M自制半成品的成本为21 140元，加工费为2 100元，运费为900元）。

77）29日，南方市供电局委托银行收取本公司电费40 000元。增值税税率为17%，进项税税额为6 800元。取得增值税专用发票一张。

78）29日，南方市自来水公司委托银行收取本公司水费1 813.48元。增值税税率为13%，进项税税额为235.75元。取得增值税专用发票一张。

79）29日，根据固定资产原值和月折旧率2.67%计提本月固定资产折旧额97 299.97

元。其中，一车间折旧额为38 712.72元；二车间折旧额为29 202.31元；机修车间折旧额为10 151.76元；行政部门折旧额为19 233.18元。

80）29日，计提本月短期借款利息190元，借款本金38 000元，年利率为6%。

81）29日，本月摊销专利权1 000元。

82）30日，机修车间职工李羽报销差旅费425.6元，用现金支付。

83）30日，收到吉林电器厂前欠货款302 156.78元，款项存入银行。

84）30日，按本月工资属性及用途分配工资费用315 149.85元。

85）30日，按工资总额的14%计提职工福利费。

86）30日，分别按工资总额的2%和2.5%计提工会经费和职工教育经费。

87）30日，开出转账支票划转工会经费。

88）30日，按计划成本结转本月已验收入库的各种材料。

89）30日，计算本月入库材料成本差异。

90）31日，根据本月材料消耗情况，编制材料消耗汇总表，并在不同材料之间进行分配。

91）31日，分摊本月发出材料应负担的材料成本差异。

92）31日，分摊本月电费40 000元（本月共耗电50 000度。其中，一车间耗电28 000度，二车间耗电12 000度，机修车间耗电6 000度，行政部门耗电4 000度）。

93）31日，分摊本月水费1 813.48元（本月共耗水9 067.40吨。其中，一车间耗水4 100吨，二车间耗水3 800吨，机修车间耗水650吨，行政部门耗水517.40吨）。

94）31日，分配并结转辅助生产费用。本月机修车间总工时为5 000工时。其中，一车间耗费2 400工时，二车间耗费2 000工时，行政部门耗费600工时。

95）31日，分配并结转制造费用。其中，一车间生产A产品和B产品，二车间生产C产品和D产品（A产品生产工人耗用5 000工时，B产品生产工人耗用3 000工时，C产品生产工人耗用3 600工时，D产品生产工人耗用2 400工时）。

96）31日，计算并结转完工产品的生产成本。

97）31日，结转已销产品的生产成本。

98）31日，计算本月应交增值税，结转本月应交未交的增值税，按本月应交增值税税额的7%计算本月应交城市维护建设税；按本月应交增值税税额的3%计算本月应交教育费附加。

99）31日，新大洲债券市价53 600元，罗牛山股票市价为每股8.5元。

100）31日，计提存货跌价准备。期末存货的可变现净值为1 775 651.57元。

101）31日，年末按“应收账款”和“其他应收款”期末余额的5‰提取坏账准备。

102）31日，结转本月收益类账户发生额至“本年利润”账户。

103）31日，结转本月成本费用类账户发生额至“本年利润”账户。

104）31日，计算本月应交所得税和递延所得税，所得税税率为25%。

105）31日，将本月的“所得税费用”账户发生额结转至“本年利润”账户。

106）31日，将本年的“本年利润”账户余额结转至“利润分配——未分配利润”

账户。

107）31 日，按本年税后利润的 10% 提取法定盈余公积，按本年税后利润的 5% 提取任意盈余公积。

108）31 日，将利润分配的其他明细账户的余额结转至“利润分配——未分配利润”账户。

提示

- 所附原始凭证见 3.3 节，区分外来原始凭证和自制原始凭证，其中大部分自制原始凭证需要在实训中填制。
- 各类现金支票和转账支票需加盖公司（南方吉祥电器制造厂）的财务专用章和法定代表人（王青）的人名章。为方便实训，本书中所附各类支票已加盖相应印章。
- 核算时注意第 1、2 章所列的核算要求。

3.3　会计综合实训本期经济业务原始资料

（实训原始凭证、表格，可裁剪、装订）

业务 1-1

广东增值税专用发票　　№ 0075911

抵扣联

开票日期：2017年12月01日

购买方	名　　称：南方吉祥电器制造厂 纳税人识别号：6188991549617866115 地 址、电 话：南方市海利路 118 号 31586889 开户行及账号：工行南方市分行 5918336544786991899	密码区	（略）

货物或应税劳务、服务名称	规格型号	单位	数量	单价	金额	税率	税额
甲材料		千克	8 000	12.00	96 000.00	17%	16 320.00
合　计					¥96 000.00		¥16 320.00
价税合计（大写）	⊗壹拾壹万贰仟叁佰贰拾元整				（小写）¥112 320.00		

销售方	名　　称：广东佛山金属材料有限公司 纳税人识别号：2659584362845294123 地 址、电 话：佛山市三山路 58 号 59321476 开户行及账号：工行佛山市分行 6592587441295932369	备注	广东佛山金属材料有限公司 2659574362845294123 发票专用章

收款人：李于　　复核：丛一　　开票人：刘仁　　销售方：（章）

第二联 抵扣联 购买方扣税凭证

业务 1-2

中国工商银行 电汇凭证（回单） 1

□普通 □加急　　委托日期 2017年 12月 01 日

汇款人	全称	南方吉祥电器制造厂	收款人	全称	广东佛山金属材料有限公司
	账号	5918336544786991899		账号	6592587441295932369
	汇出地点	海南省南方市/县		汇入地点	广东省佛山市/县
汇出行名称		工行南方市分行	汇入行名称		工行佛山市分行
金额	人民币（大写）壹拾壹万贰仟叁佰贰拾元整		千百十万千百十元角分		¥11232000
中国工商银行南方市分行 2017.12.01 转讫			支付密码		
汇款人签章			附加信息及用途：		
			复核：王溜		记账：张三

业务 1-3

材料验收单

供货单位：　　　　年　月　日

材料编号	材料名称	规格	单位	数量	金额/元	备注

保管验收：张有宝　　　　采购员：王赐中

业务 2

海南增值税普通发票

（全国统一发票监制章 国家税务总局监制）

发票联　　№ 00987654

开票日期：2017年12月01日

购买方	名称：南方吉祥电器制造厂 纳税人识别号：618899154961786 6115 地址、电话：南方市海利路118号 31586889 开户行及账号：工行南方市分行 5918336544786991899				密码区	（略）	
货物或应税劳务、服务名称	规格型号	单位	数量	单价	金额	税率	税额
治疗费			1	128.63	128.63	0%	0
合计					¥128.63		¥0
价税合计（大写）	⊗壹佰贰拾捌元陆角叁分					（小写）¥128.63	
销售方	名称：南方市人民医院 纳税人识别号：120456087678323 地址、电话：南方市五指山路34号 0898-98765432 开户行及账号：中国建设银行南方五指山路支行 156495729547				南方市人民医院 120456087678323 发票专用章		

第三联 发票联 购买方记账凭证

收款人：杨光　　复核：张友明　　开票人：王建　　销售方：（章）

业务 3-1

上海证券公司南方营业部

2017 年 12 月 01 日

成交过户交割凭单	
股东编号：A168281318 电脑编号：83548 公司编号：1834	成交证券：琼金盘股票 成交数量：8 250 股 成交价格：8.00 元
申请编号：295 申报时间：9：50 成交时间：10：20	成交金额：66 000.00 元 标准佣金：　　元 过户费用：500.00 元
上次余额：0 股 本次成交：8 250 股 本次余额：0 股	印花税：500.00 元 附加费用：　　元 应收金额：65 000.00 元 应付金额：　　元

（印章：上海证券公司南方营业部）

业务 3-2

中国工商银行　进 账 单（回单）　　1

2017 年 12 月 01 日

出票人	全　称	上海证券公司南方营业部	收款人	全　称	南方吉祥电器制造厂
出票人	账　号	5918469757815318116	收款人	账　号	5918336544786991899
出票人	开户银行	建行南方市分行	收款人	开户银行	工行南方市分行

金额	人民币（大写）	陆万伍仟元整	亿	千	百	十	万	千	百	十	元	角	分
						¥	6	5	0	0	0	0	0

票据种类		票据张数	
票据号码			

备注：

复核 张力　　记账 江兰

（印章：中国工商银行南方市分行 2017.12.01 转讫）

收款人开户银行签章

此联是收款人开户银行给出票人的回单

业务 4-1

海南增值税专用发票

发　票　联

№ 0076011

开票日期：2017年12月01日

<table>
<tr><td rowspan="4">购买方</td><td colspan="5">名　　称：南方吉祥电器制造厂</td><td rowspan="4">密码区</td><td colspan="3" rowspan="4">（略）</td></tr>
<tr><td colspan="5">纳税人识别号：618899154961786611５</td></tr>
<tr><td colspan="5">地 址、电 话：南方市海利路 118 号 31586889</td></tr>
<tr><td colspan="5">开户行及账号：工行南方市分行 5918336544786991899</td></tr>
<tr><td colspan="2">货物或应税劳务、服务名称</td><td>规格型号</td><td>单位</td><td>数量</td><td>单价</td><td>金额</td><td>税率</td><td>税额</td></tr>
<tr><td colspan="2">乙材料</td><td></td><td>千克</td><td>6 000</td><td>10.00</td><td>60 000.00</td><td>17%</td><td>10 200.00</td></tr>
<tr><td colspan="2">合　计</td><td></td><td></td><td></td><td></td><td>¥60 000.00</td><td></td><td>¥10 200.00</td></tr>
<tr><td colspan="2">价税合计（大写）</td><td colspan="5">⊗柒万零贰佰元整</td><td colspan="2">（小写）¥70 200.00</td></tr>
<tr><td rowspan="4">销售方</td><td colspan="5">名　　称：南方冶炼厂</td><td rowspan="4">备注</td><td colspan="3" rowspan="4">南方冶炼厂
623869545284657423５
发票专用章</td></tr>
<tr><td colspan="5">纳税人识别号：623869545284657423５</td></tr>
<tr><td colspan="5">地 址、电 话：南方市新乐路 45 号 69521478</td></tr>
<tr><td colspan="5">开户行及账号：工行南方分行 3654957426596258456</td></tr>
</table>

收款人：王红　　复核：张美　　开票人：胡华　　销售方：（章）

第三联　发票联　购买方记账凭证

业务 4-2

材料验收单

供货单位：　　　　年　　月　　日

材料编号	材料名称	规　格	单　位	数　量	金额/元	备　注

保管验收：张有宝　　　　采购员：王赐中

业务 5

中国工商银行 现金支票存根 006754852	中国工商银行 现金支票 006754852
附加信息	出票日期（大写） 年 月 日 付款行名称：
	收款人： 出票人账号：
出票日期 年 月 日	人民币（大写） 亿 千 百 十 万 千 百 十 元 角 分
收款人：	用途 密码
金额：	上列款项请从 行号
用途：	我账户内支付
	出票人签章 复核 记账
单位主管 会计	付款期限自出票之日起十天

业务 6-1

汇付款通知单

收款单位	南方市环境保护局		
汇入银行及账号	工行南方市分行 3418696544786821842		
汇付金额	¥600.00		
汇款方式	转账支票	要求汇出时间	2017年12月02日
汇款原因	排污费		
汇款通知人		部门负责人	
通知日期 2017年12月02日		财务签收 叶枚	

业务 6-2

行政事业性收费专用收据

编号 00000858

缴费单位	南方吉祥电器制造厂		开票日期	2017年12月02日									
项目内容	排污费		项目内容		核定								
类型			缴费类别	全费									
缴费日期	2017年12月02日至2017年06月30日			金额									
				百	十	万	千	百	十	元	角	分
排污费	征收标准 /元						¥	6	0	0	0	0
附费	征收标准 /元											
滞纳金	机附费迟交 /元	每月 %										
合计	¥600.00											
总金额（人民币大写）陆百元整												

业务 6-3

中国工商银行 转账支票存根 00657851	中国工商银行 转账支票　00657851
附加信息	出票日期（大写）　年　月　日　付款行名称：
	付款期限自出票之日起十天　收款人：　出票人账号：
出票日期　年　月　日	人民币（大写）　亿 千 百 十 万 千 百 十 元 角 分
收款人：	用途　　密码
金额：	上列款项请从我账户内支付　行号
用途：	出票人签章 南方吉祥电器制造厂 财务专用章　复核　印 王青　记账
单位主管　会计	

业务 7-1

汇付款通知单

收款单位	南方市交通运输管理局		
汇入银行及账号	工行南方市分行 3568965425876524351		
汇付金额	¥362.00		
汇款方式	转账支票	要求汇出时间	2017年12月02日
汇款原因	运输管理费		
汇款通知人		部门负责人	
通知日期 2017年12月02日		财务签收 余卓	

（印章：南方吉祥电器制造厂 财务专用章）

业务 7-2

（印章：南方市行政事业 收费票据监制专用章）

行政事业性收费专用收据

2017年12月02日

付款单位	南方吉祥电器制造厂	收费许可证	698124323598							
付款项目	运输管理费	付款方式	金额							
			百	十	万	千	百	十	元	角	分
收费依据及标准		转账					3	6	2	0	0
		现金									
		其他									
		合　计				¥	3	6	2	0	0
总金额	（人民币大写）叁佰陆拾贰元整										

（印章：南方市交通运输管理局 财务专用章）

征收单位：　　收款人：张良　　开票人：何瑞

业务 7-3

中国工商银行 转账支票存根 00657852	中国工商银行 转账支票 00657852
附加信息	出票日期（大写） 年 月 日 付款行名称：
	收款人： 出票人账号：
出票日期 年 月 日	人民币（大写） 亿 千 百 十 万 千 百 十 元 角 分
收 款 人：	付款期限自出票之日起十天
金 额：	用途 ______ 密码 ______
用 途：	上列款项请从 我账户内支付 出票人签章 行号 ______
单位主管 会计	南方吉祥电器制造厂 财务专用章 复核 王青印 记账

业务 8

海南省地方税务局税收完税证

填发日期 2017 年 12 月 02 日 琼地完税字地 第 1189658 号

经济类型： 税款所属时间 2017 年 01 月—12 月

纳税人	代码	6188991549617866115				住址	海南省南方市/县 区 乡（镇） 村海利路 118 号								
纳税人	名称	南方吉祥电器制造厂													
品样税目	税目	数量单位	计税数量	计税总值（收入所得税）		税率	已缴或扣除额/元	十	万	千	百	十	元	角	分
车船使用税							183				1	8	3	0	0
税额合计		人民币（大写）壹佰捌拾叁元整								¥	1	8	3	0	0
征收机关盖章		收款人	何丽			备注	琼乙 10523 琼 L1014D								
		填票人	张兰												

海南省南方市地方税务局 征税专用章

中国工商银行南方市分行 2017.12.02 转账 转讫

业务 9-1

上海证券公司南方营业部

2017 年 12 月 03 日

成交过户交割凭单	
股东编号：A168281318 电脑编号：83548 公司编号：1234	成交证券：南方中发集团 成交数量：1 000 000 股 成交价格：0.4 元
申请编号：265 申报时间：10：20 成交时间：10：50	成交金额：400 000 元 标准佣金：1 500 元 过户费用：50 元
上次余额：0 股 本次成交：1 000 000 股 本次余额：1 000 000 股	印 花 税：1 000 元 附加费用： 元 应收金额：402 550 元 应付金额： 元

（印章：上海证券公司南方营业部）

业务 9-2

中国工商银行
转账支票存根
00657853

附加信息

出票日期 年 月 日

收 款 人：
金 额：
用 途：

单位主管 会计

中国工商银行 转账支票 00657853

付款期限自出票之日起十天

出票日期（大写） 年 月 日 付款行名称：

收款人： 出票人账号：

人民币（大写）	亿	千	百	十	万	千	百	十	元	角	分

用途 ________ 密码 ________

上列款项请从 行号 ________

我账户内支付

出票人签章 （印章：南方吉祥电器制造厂 财务专用章）（印章：王青印） 复核 记账

业务 10-1

领 料 单（记账联）

领料部门：一车间　　开单日期 2017 年 12 月 03 日　　编号：8023

发料仓库：　　发料日期 2017 年 12 月 03 日　　限 天有效

货物用途	材料名称	型号规格	单位	数量		单价/元	金额/元
				请领	实领		
A产品耗用	甲材料		千克	20 000	20 000	11	220 000
B产品耗用	甲材料		千克	10 000	10 000	11	110 000
一般耗用	甲材料		千克	80	80	11	880
一般耗用	乙材料		千克	50	50	9	450
领料根据及用途							

发料：王峰　　材料计划：商凯　　领料主管：申兰　　领料：沙宝

业务 10-2

领 料 单（记账联）

领料部门：机修车间　　开单日期 2017年12月03日　　编号：8024

发料仓库：　　发料日期 2017年12月03日　　限 天有效

货物用途	材料名称	型号规格	单位	数量		单价/元	金额/元
				请领	实领		
修理耗用	乙材料		千克	40	40	9	360
领料根据及用途							

发料：王峰　　材料计划：商凯　　领料主管：申兰　　领料：沙宝

业务 10-3

领 料 单（记账联）

领料部门：行政管理部门　　开单日期 2017年12月03日　　编号：8025

发料仓库：　　发料日期 2017年12月03日　　限 天有效

货物用途	材料名称	型号规格	单位	数量		单价/元	金额/元
				请领	实领		
行政耗用	甲材料		千克	10	10	11	110
行政耗用	乙材料		千克	20	20	9	180
领料根据及用途							

发料：王峰　　材料计划：商凯　　领料主管：申兰　　领料：沙宝

业务 11-1

中国工商银行　进账单（收账通知）　　3

2017年12月03日

出票人	全称	沈阳电厂	收款人	全称	南方吉祥电器制造厂
	账号	6523789465125297573		账号	5918336544786991899
	开户银行	工行沈阳市分行		开户银行	工行南方市分行
金额	人民币（大写）	肆拾陆万元整			亿 千 百 十 万 千 百 十 元 角 分 ¥ 4 6 0 0 0 0 0 0
票据种类		票据张数			
票据号码					
备注：					

复核 张力　　记账 江兰

中国工商银行南方市分行 2017.12.03 转账 转讫

收款人开户银行签章

此联是银行交给收款人的收账通知

业务 11-2

日期：2017.12.03　　凭证号：127

广发证券有限责任公司南方市和平大道营业部

支汇票取款凭证

资金账号：072208517547　　客户姓名：南方吉祥电器制造厂

付出金额：人民币 460000.00 元

本次余额：人民币 0 元

大写金额：肆拾陆万元整

摘　　要：支汇票取款

银行账号：5918336544786991899

广发证券有限责任公司南方市和平大道营业部

操作员：林先爱　　复核：　　客户签名：

业务 12

全国统一发票监制章 国家税务总局监制

海南增值税专用发票

发票联

№ 2047615

开票日期：2017年12月04日

购买方	名　　称：南方吉祥电器制造厂 纳税人识别号：618899154961 7866115 地址、电话：南方市海利路 118 号 31586889 开户行及账号：工行南方市分行 5918336544786991899					密码区	（略）	
货物或应税劳务、服务名称	规格型号	单位	数量	单价	金额	税率	税额	
邮寄费		个	1	213.75	213.75	6%	12.83	
合　计		个	1	213.75	¥213.75	6%	¥12.83	
价税合计（大写）	⊗贰佰贰拾陆元伍角捌分　　（小写）¥226.58							
销售方	名　　称：南方邮政服务有限公司 纳税人识别号：618822185312 57463863 地址、电话：南方市云海路 21 号，单位电话：0898-68761891 开户行及账号：中国银行南方云海路支行，账号：65483215014558872					备注	南方邮政服务有限公司 618822185312 57463863 发票专用章	

第三联 发票联 购货方记账凭证

收款人：李昌　　复核：王梦　　开票人：张康　　销货单位：（章）

业务 13-1

借　据

结款单位：行政部门　　2017年12月04日

借款事由：出差

人民币（大写）：壹仟捌佰元整 ¥1800.00

批准人：王青

单位负责人：王青　　借款人：刘强

（印章：南方吉祥电器制造厂 财务专用章）

业务 13-2

中国工商银行
现金支票存根
006754853

附加信息

出票日期　年　月　日

收 款 人：	
金　　额：	
用　　途：	

单位主管　　会计

中国工商银行 现金支票　　006754853

付款期限自出票之日起十天

出票日期（大写）　年　月　日 付款行名称：

收款人：　　出票人账号：

人民币（大写）	亿	千	百	十	万	千	百	十	元	角	分

用途　　　密码

上列款项请从　　行号

我账户内支付

出票人签章　　复核　　记账

（印章：南方吉祥电器制造厂 财务专用章；王青印）

业务 14-1

领　料　单（记账联）

领料部门：　　开单日期　年　月　日　　编号：8026

发料仓库：　　发料日期　年　月　日　　限　天有效

货物用途	材料名称	型号规格	单位	数量		单价/元	金额/元
				请领	实领		
领料根据及用途							

发料：　　材料计划：　　领料主管：　　领料：

业务 14-2

领 料 单（记账联）

领料部门： 开单日期 年 月 日 编号：8027

发料仓库： 发料日期 年 月 日 限 天有效

货物用途	材料名称	型号规格	单位	数量		单价/元	金额/元
				请领	实领		
领料根据及用途							

发料： 材料计划： 领料主管： 领料：

业务 14-3

领 料 单（记账联）

领料部门： 开单日期 年 月 日 编号：8028

发料仓库： 发料日期 年 月 日 限 天有效

货物用途	材料名称	型号规格	单位	数量		单价/元	金额/元
				请领	实领		
领料根据及用途							

发料： 材料计划： 领料主管： 领料：

业务 15-1

汇付款通知单

收款单位	南方市运输管理局		
汇入银行及账号	工行南方市分行 356896542587652435		
汇付金额	¥248.00		
汇款方式	转账支票	要求汇出时间	2017 年 12 月 04 日
汇款原因	运输管理费		
汇款通知人		部门负责人	
通知日期 2017 年 12 月 04 日		财务签收 王轩	

业务 15-2

行政事业性收费专用收据

2017年12月04日

付款单位	南方吉祥电器制造厂	收费许可证	698124323598								
付款项目	运输管理费	付款方式	金额								
			百	十	万	千	百	十	元	角	分
收费依据及标准		转账						2	4	8	0	0
		现金									
		其他									
		合计					¥	2	4	8	0	0
总金额	人民币（大写）贰佰肆拾捌元整 ¥248.00										

征收单位： 收款人：姜利 开票人：周红

业务 15-3

中国工商银行 转账支票存根

00657854

附加信息

出票日期 年 月 日

收 款 人：

金 额：

用 途：

单位主管 会计

中国工商银行 转账支票 00657854

付款期限自出票之日起十天

出票日期（大写） 年 月 日 付款行名称：

收款人： 出票人账号：

人民币（大写）	亿	千	百	十	万	千	百	十	元	角	分

用途 密码

上列款项请从 行号

我账户内支付

出票人签章 复核 记账

业务 16-1

产品销售单

2017年12月04日

单 位	湖北通益电器有限公司			车 号	
产品名称	规 格	单 位	计划数	单价/元	金额/元
A产品		件	900		
备 注					

财务科长：代保珍 制表人：杨明

业务 16-2

海南增值税专用发票

记　账　联

№ 23456

开票日期：2017年12月04日

购买方	名　　称：湖北通益电器有限公司 纳税人识别号：412289457941796317 1 地 址、电 话：武汉市江汉区台北路 7912 号 开户行及账号：工行武汉市分行 5624957435645972587				密码区	（略）	
货物或应税劳务、服务名称	规格型号	单位	数量	单价	金额	税率	税额
A 产品		千克	900	200	180 000.00	17%	30 600.00
合　计					¥180 000.00		¥30 600.00
价税合计（大写）	⊗贰拾壹万零陆佰元整				（小写）¥210 600.00		
销售方	名　　称：南方吉祥电器制造厂 纳税人识别号：618899154961786611 5 地 址、电 话：南方市海利路 118 号 31586889 开户行及账号：工行南方市分行 5918336544786991899				备注	南方吉祥电器制造厂 5918336544786991899 发票专用章	

收款人：周州　　复核：李民　　开票人：李文海　　销售方：（章）

第一联　记账联　销售方记账凭证

业务 16-3

中国工商银行　电汇凭证（收账通知）　1

□普通 □加急

委托日期 2017 年 12 月 04 日

汇款人	全　　称	湖北通益电器有限公司	收款人	全　　称	南方吉祥电器制造厂
	账　　号	5624957435645972587		账　　号	5918336544786991899
	汇出地点	湖北省武汉市/县		汇入地点	海南省南方市/县
汇出行名称		工行武汉市分行	汇入行名称		工行南方市分行
金额	人民币（大写）	贰拾壹万零陆佰元整	千 百 十 万 千 百 十 元 角 分		¥ 2 1 0 6 0 0 0 0
中国工商银行南方市分行 2017.12.04 转账 转讫 收款人开户银行签章			支付密码 附加信息及用途： 复核　　记账		

业务 17-1

医药费报销单

2017年12月05日

编号______

附单据 1 张

职工姓名	张江喜	家属姓名		与本人关系	
种 类	凭证张数		全部金额 / 元		报销金额 / 元
西药费					
挂号费					
针药费	1				528.64
外配药					
按规定报销人民币（大写）：伍佰贰拾捌元陆角肆分					¥528.64
财务主管	记账	出纳	审核	制单 张江喜	报销人签章 张江喜

（印章：南方吉祥电器制造厂 财务专用章）

业务 17-2

海南增值税专用发票

发票联

（印章：全国统一发票监制章 国家税务总局）

№ 0045621

开票日期：2017年12月05日

购买方	名　　称：南方吉祥电器制造厂 纳税人识别号：618899154961786 6115 地 址、电 话：南方市海利路 118 号 0898-31586889 开户行及账号：工行南方市分行 591833654478699 1899					密码区	（略）
货物或应税劳务、服务名称	规格型号	单位	数量	单价	金额	税率	税额
西药		瓶	2	264.32	528.64	0%	0
合　计					¥528.64		0
价税合计（大写）	⊗伍佰贰拾捌元陆角肆分				（小写）¥528.64		
销售方	名　　称：南方市人民医院 纳税人识别号：120456087678323 地 址、电 话：南方市五指山路 34 号 0898-68765432 开户行及账号：中国建设银行南方五指山路 156495729547					备注	（印章：南方市人民医院 120456087678323 发票专用章）

收款人：杨光　　复核：张友明　　开票人：王建　　销售方：（章）

第三联 发票联 购买方记账凭证

业务 18-1

差旅费报销单

单位名称：行政管理部门　　出差起止日期由 2017 年 11 月 24 日至 2017 年 12 月 05 日　　单位：元

出差人姓名：黄力佳				出差地点：北京					事由：开信息交流会
飞机车船及住宿	种类	票据张数	金额	出差补助费	出差地点	天数	标准	金额	报销结算情况
	飞机票	2	4 860.00		北京	11	200	2 200.00	原出差借款 15 000 元，报销 12 618.64 元，补______元，退还 2 381.36 元。
	市内汽车费	10	280.00						
	住宿费	1	2 650.00						
	其他车补		2 230.00						
	长途汽车费	6	398.64						
									说明
	小　计		10 418.64						
合计金额	大写：壹万贰仟陆佰壹拾捌元陆肆分　小写：¥12 618.64								审批人 王知春　支领人 黄力佳　2017 年 12 月 05 日

出差天数：11

业务 18-2

收 款 收 据

收款日期：　　2017 年 12 月 05 日　　No.23455

今收到：黄力佳

交　来：原借差旅费的剩余款项

人民币（大写）贰仟叁佰捌拾壹元叁角陆分　　¥2381.36

备注：

收款单位：　　收款人：周州　　经办人：朱力

业务 19

海南增值税专用发票

发票联

№ 0048252

开票日期：2017年12月05日

购买方	名　　称：南方吉祥电器制造厂 纳税人识别号：618899154961786611 地 址、电 话：南方市海利路 118 号 0898-31586889 开户行及账号：工行南方市分行 5918336544786991899				密码区	（略）	
货物或应税劳务、服务名称	规格型号	单位	数量	单价	金额	税率	税额
大笔记本		本	3	32.09	96.27	17%	16.37
小笔记本		本	10	10	100	17%	17.00
合　计					￥196.27		33.37
价税合计（大写）	⊗贰佰贰拾玖元陆角肆分				（小写）￥229.64		
销售方	名　　称：南方华美文具用品有限公司 纳税人识别号：430100787827279 地 址、电 话：南方市芙蓉路 86 号 0898-24289844 开户行及账号：中国建设银行南方芙蓉支行 156495729547				备注	南方华美文具用品有限公司 430100787827279 发票专用章	

收款人：张毅　　　复核：吴耳　　　开票人：王爽　　　销售方：（章）

第三联　发票联　购买方记账凭证

业务 20-1

产品销售单

2017年12月05日

单　位	广东利奋电子有限公司			车　号	
产品名称	规　格	单　位	计划数	单价/元	金额/元
B产品		件	800		
备　注					

财务科长：代保珍　　　　制表人：杨明

业务 20-2

海南增值税专用发票

全国统一发票监制章 国家税务局监制

№ 0041652

记 账 联

开票日期：

购买方	名 称： 纳税人识别号： 地 址、电 话： 开户行及账号：				密码区	（略）		
货物或应税劳务、服务名称	规格型号	单位	数量	单价	金额	税率	税额	
合 计								
价税合计（大写）				（小写）¥				
销售方	名 称： 纳税人识别号： 地 址、电 话： 开户行及账号：				备注	南方吉祥电器制造厂 591833654478699 1899 发票专用章		

收款人： 复核： 开票人： 销售方：（章）

第一联 记账联 销售方记账凭证

业务 20-3

银行承兑汇票

出票日期（大写） 贰零壹柒年壹拾贰月零伍日

出票人全称	广东利奋电子有限公司	收款人	全 称	南方吉祥电器制造厂
出票人账号	5614268454893657568		账 号	5918336544786991899
付款行全称	工行广州市分行		开户银行	工行南方市分行
出票金额	人民币（大写） 壹拾陆万捌仟肆佰捌拾元整			千 百 十 万 千 百 十 元 角 分 ¥ 1 6 8 4 8 0 0 0
汇票到期日（大写）	贰零壹捌年零陆月零伍日	付款行	行 号	
承兑协议编号			地 址	广东省广州市
本汇票请你行承兑，到期无条件付款。 广东利奋电子有限公司 财务专用章 出票人签章	本汇票已经承兑，到期日由本行付款 承兑行签章 中国工商银行南方市分行 2017.12.05 转账 转讫 承兑日期 2017年 12月 05日 备注：			密押 复核 王凯 记账 吴勇

业务 21

借款偿还凭证（传票回单）

代号：343　　　　　　　　　　　　　　　　　　　　　　　　编号：

借款单位名称	南方吉祥电器制造厂	放款账号		存款账号	23200223002264
偿还借款金额	（大写）贰万元整				十 万 千 百 十 元 角 分 ¥ 2 0 0 0 0 0 0
请（已）从____号账户内（以现金）付出归还（收回）上列款项。 此致 银行（单位） 单位（银行）盖章			记账日期 2017年12月08日 借______¥______元 贷______¥______元 贷______¥______元 日记账（主管）　复核（会计）　记账		

（印章：中国工商银行南方市分行）

业务 22

中国工商银行 现金支票存根 006754854	中国工商银行 现金支票　006754854
附加信息______ 出票日期　年　月　日 收款人： 金额： 用途： 单位主管　会计	出票日期（大写）　年　月　日 付款行名称： 收款人：　出票人账号： 付款期限自出票之日起十天 人民币（大写）　亿 千 百 十 万 千 百 十 元 角 分 用途______　密码______ 上列款项请从　行号______ 我账户内支付 出票人签章　复核　记账

（印章：南方吉祥电器制造厂财务专用章；王青印）

业务 23

工资结算汇总分配表

2017 年 12 月 08 日

元

部门		应付工资						代扣款项				实发合计	领款人签名（由各部门负责人领取并发放给职工个人）
		基础工资	岗位津贴	职务职称	工龄工资	福利费	合计	住房公积	退休统筹（26%）	医疗保险（8%）	小计		
生产车间	A 产品生产工人	30 000.00	20 000.00	14 000.00	3 000.00		67 000.00		17 420.00	5 360.00	22 780.00	44 220.00	张量积
	B 产品生产工人	20 000.00	10 000.00	11 000.00	2 320.00		43 320.00		11 263.20	3 465.60	14 728.80	28 591.20	张亮
	C 产品生产工人	24 000.00	15 000.00	9 000.00	3 100.00		51 100.00		13 286.00	4 088.00	17 374.00	33 726.00	李鹏
	D 产品生产工人	22 000.00	12 000.00	7 000.00	2 460.00		43 460.00		11 299.60	3 476.80	14 776.40	28 683.60	李玲
	一车间管理人员	22 000.00	9 800.00	5 200.00	2 400.00		39 400.00		10 244.00	3 152.00	13 396.00	26 004.00	王储
	二车间管理人员	17 000.00	9 400.00	3 100.00	2 020.00		31 520.00		8 195.20	2 521.60	10 716.80	20 803.20	麻纤维
机修车间	生产工人	11 000.00	6 560.00	4 360.00	1 620.00		23 640.00		6 146.40	1 891.20	8 037.60	15 602.40	陈化忆
行政管理人员		3 800.00	2 400.00	1 200.00	309.85		7 709.85		2 004.56	616.79	2 621.35	5 088.50	宋健雄
医务及食堂人员		1 600.00	1 180.00	280.00	140.00		3 200.00		832.00	256.00	1 088.00	2 112.00	全政法
销售机构人员		2 000.00	1 700.00	900.00	200.00		4 800.00		1 248.00	384.00	1 632.00	3 168.00	赵江华
合计		153 500.00	88 040.00	56 040.00	17 569.85		315 149.85		81 938.96	25 211.99	107 150.95	207 998.90	

部门负责人：李群　　　　制表人：杨明

业务 24

托收凭证（收账通知） 5

委托号码：0181

委托日期：2017年12月07日　　付款期限 2017年12月08日

业务类型		委托收款（□邮划、□电划）		托收承付（□邮划、□电划）	
付款人	全称	南京无线电厂	收款人	全称	南方吉祥电器制造厂
	账号	2159567836482594268		账号	5918336544786991899
	地址	江苏省南京市/县		地址	海南省南方市/县
汇出行名称		工行南京市分行	汇入行名称		工行南方市分行

委收金额	人民币（大写）壹拾万元整	千	百	十	万	千	百	十	元	角	分
			¥	1	0	0	0	0	0	0	0

款项	A产品货款	委托收款凭据名称		附寄单证张数	
商品发运情况				合同名称号码	

备注：	上列款项已划回收入你方账户内。	
复核：邱红琴　记账：孙枚	中国工商银行南方市分行 收款人开户银行签章 2017年12月08日	

业务 25-1

全国统一发票监制章 国家税务总局

海南增值税普通发票

发票联

№ 0045342

开票日期：2017年12月05日

购买方	名称：南方吉祥电器制造厂 纳税人识别号：618899154961786 6115 地址、电话：南方市海利路118号 0898-31586889 开户行及账号：工行南方市分行 5918336544786991899				密码区	（略）	
货物或应税劳务、服务名称	规格型号	单位	数量	单价	金额	税率	税额
餐饮费					566.04	6%	33.96
合计					566.04		33.96
价税合计（大写）	⊗陆佰元整				（小写）¥600.00		
销售方	名称：南方琼洋酒店管理服务有限公司 纳税人识别号：26485912574698 地址、电话：南方市滨江路236号 0898-6856918 开户行及账号：中国工商银行南方滨江支行 6222022206007425666				备注	南方琼洋酒店管理服务有限公司 26485912574698 发票专用章	

收款人：王军　　复核：刘玉　　开票人：唐敏　　销售方：（章）

第三联 发票联 购买方记账凭证

业务 25-2

中国工商银行
转账支票存根
00657855

附加信息 ____________________

____

____

出票日期　　年　月　日

收 款 人：	
金　　额：	
用　　途：	

单位主管　　　会计

付款期限自出票之日起十天

中国工商银行 转账支票　　00657855

出票日期（大写）　　年　月　日　付款行名称：

收款人：　　　　　　　　　　　出票人账号：

人民币（大写）	亿	千	百	十	万	千	百	十	元	角	分

用途 ____________　　密码 ____________

上列款项请从　　　　行号 ____________

我账户内支付

出票人签章　　南方吉祥电器制造厂 财务专用章　　复核　王青印　记账

业务 26

中国工商银行　结算业务收费凭证（回单）

2017年12月09日

付款人	全称	南方吉祥电器制造厂		收款人	全称	工行海南省分行南方市支行	
	开户银行	工行南方市支行	账号 5918336544786991899		开户银行		账号

结算内容	笔数	应收费用 手续费					邮电费					小计				
		百	十	元	角	分	百	十	元	角	分	百	十	元	角	分
现金支票	2		1	2	0	0							1	2	0	0
转账支票	2		1	4	0	0							1	4	0	0
												¥	2	6	0	0

备注：

会计分录

借 ____________

贷 ____________

合计金额（人民币大写）贰拾陆元整

中国工商银行南方市分行 2017.12.09 转账 转讫

复核 王兰　　记账 肖红

第一联 银行盖章后退回单位

业务 27-1

中华人民共和国
税收通用缴款书

隶属关系：
经济类型：　　　　填发日期 2017 年 12 月 09 日　　　　征收机关：南方市国家税务局

缴款单位	代码	120102021203136	预算科目	编码	
	全称	南方吉祥电器制造厂		名称	增值税
	开户银行	工行南方市分行		级次	中央级 75%，地方级 25%
	账号	591833644786991899	收款国库		南方市支库　经收处
税款所属时期：2017 年 11 月			税款限缴日期：2017 年 12 月 10 日		
品目名称	课税数量	计税金额或销售收入	税率或单位税额	已缴或扣除额	实缴金额
增值税					21 693.78
金额合计	人民币（大写）贰万壹仟陆百玖拾叁元柒角捌分				¥21 693.78
缴款单位（人）（盖章） 经办人（章）	税务机关（盖章） 填票人（章）	上列款项已收妥并划转收款单位账户 国库（银行）盖章 2017 年 12 月 09 日		备注：	

手工开票无效　　　　无银行收讫章无效　　　　逾期不缴按税法规定加收滞纳金

业务 27-2

中华人民共和国
税收通用缴款书

隶属关系：
经济类型：　　　　填发日期 2017 年 12 月 09 日　　　　征收机关：南方市地方税务局

缴款单位	代码	120102021203136	预算科目	编码	
	全称	南方吉祥电器制造厂		名称	城市维护建设税
	开户银行	工行南方市分行		级次	地方级
	账号	591833644786991899	收款国库		南方市支库　经收处
税款所属时期：2017 年 11 月			税款限缴日期：2017 年 12 月 10 日		
品目名称	课税数量	计税金额或销售收入	税率或单位税额	已缴或扣除额	实缴金额
城市维护建设税					1 518.56
金额合计	人民币（大写）壹仟伍佰壹拾捌元伍角陆分				¥1 518.56
缴款单位（人）（盖章） 经办人（章）	税务机关（盖章） 填票人（章）	上列款项已收妥并划转收款单位账户 国库（银行）盖章 2017 年 12 月 09 日		备注：	

手工开票无效　　　　无银行收讫章无效　　　　逾期不缴按税法规定加收滞纳金

业务 27-3

中华人民共和国
税收通用缴款书

隶属关系：
经济类型： 填发日期 2017 年 12 月 09 日 征收机关：南方市地方税务局

<table>
<tr><td rowspan="4">缴款单位</td><td>代 码</td><td>120102021203136</td><td rowspan="3">预算科目</td><td>编 码</td><td></td></tr>
<tr><td>全 称</td><td>南方吉祥电器制造厂</td><td>名 称</td><td>教育费附加</td></tr>
<tr><td>开户银行</td><td>工行南方市分行</td><td>级 次</td><td>地方级</td></tr>
<tr><td>账 号</td><td>591833644786991899</td><td colspan="2">收款国库</td><td>南方市支库 经收处</td></tr>
<tr><td colspan="3">税款所属时期：2017 年 11 月</td><td colspan="3">税款限缴日期：2017 年 12 月 10 日</td></tr>
</table>

品目名称	课税数量	计税金额或销售收入	税率或单位税额	已缴或扣除额	实缴金额
教育费附加					650.81
金额合计	人民币（大写）陆佰伍拾元捌角壹分				¥650.81
缴款单位（人）（盖章） 经办人（章）	税务机关（盖章） 填票人（章）	上列款项已收妥并划转收款单位账户 国库（银行）盖章 2017 年 12 月 09 日			备注：

手工开票无效 无银行收讫章无效 逾期不缴按税法规定加收滞纳金

业务 28-1

广发证券有限责任公司南方市和平大道营业部
交割凭证
2017 年 12 月 09 日

账户名称：南方吉祥电器制造厂	
股东编号：A168281342 电脑编号：83576 公司编号：9876	成交证券：深圳机电股份有限公司 成交数量：20 000 股 成交价格：10.02 元
申请编号：493 申报时间：10：00 成交时间：10：30	成交金额：200 400.00 元 标准佣金： 元 过户费用：200 元
上次余额： 股 本次成交： 股 本次余额： 股	印 花 税：200 元 附加费用： 元 应收金额：200 000.00 元 应付金额： 元

业务 28-2

日期：2017.12.09　　　　　　　　　　　　　　　　　　　　　　凭证号：829

广发证券有限责任公司南方市和平大道营业部
支汇票取款凭证

资金账号：072208517547　　　　　　客户姓名：南方吉祥电器制造厂

付出金额：人民币 200000.00 元

本次余额：人民币 0 元

大写金额：贰拾万元整

摘　　要：支汇票取款

银行账号：5918336544786991899

（印章：广发证券有限责任公司南方市和平大道营业部）

操作员：林先爱　　　　　　复核：　　　　　　客户签名：

业务 28-3

中国工商银行　进账单（收账通知）　　3

2017 年 12 月 09 日

出票人	全　称	广发证券有限责任公司南方市和平大道营业部	收款人	全　称	南方吉祥电器制造厂
	账　号	5918336544786991899		账　号	5918336544786991899
	开户银行	工行上海市分行		开户银行	工行南方市分行
金额	人民币（大写）	贰拾万元整		亿 千 百 十 万 千 百 十 元 角 分	¥ 2 0 0 0 0 0 0 0
票据种类		票据张数			
票据号码					
备注：					
复核 苏涛　　记账 黄飞				收款人开户银行签章	（印章：中国工商银行南方市分行 2017.12.09 转账 转讫）

此联是银行交给收款人的收账通知

业务 29-1

海南增值税专用发票

发 票 联

№ 0045684

开票日期：2017年12月10日

购买方	名　　称：南方吉祥电器制造厂 纳税人识别号：618899154961786615 地 址、电 话：南方市海利路 118 号 0898-31586889 开户行及账号：工行南方市分行 5918336544786991899				密码区	（略）	
货物或应税劳务、服务名称	规格型号	单位	数量	单价	金额	税率	税额
安装铣床		台	1	13 846	13 846	11%	1 523.06
合　计		台	1	13 846	¥13 846		1 523.06
价税合计（大写）	⊗壹万伍仟叁佰陆拾玖元零陆分				（小写）¥15 369.06		
销售方	名　　称：南方立达安装有限公司 纳税人识别号：22185312574638 地 址、电 话：南方市大庆路 55 号 0898-57691283 开户行及账号：中国银行南方大庆支行 6548321501				备注	南方立达安装有限公司 22185312574638 发票专用章	

第三联 发票联 购买方记账凭证

收款人：于露　　复核：张明　　开票人：王康　　销售方：（章）

业务 29-2

中国工商银行 转账支票存根 00657856	中国工商银行 转账支票 00657856
附加信息	出票日期（大写）　年　月　日 付款行名称：
	收款人：　出票人账号：
出票日期　年　月　日	人民币（大写）　亿 千 百 十 万 千 百 十 元 角 分
收 款 人：	用途　　密码
金　额：	上列款项请从　　行号
用　途：	我账户内支付
单位主管　　会计	出票人签章　南方吉祥电器制造厂 财务专用章　复核　王青印　记账

付款期限自出票之日起十天

业务 30

海南增值税专用发票

发　票　联

№ 0045172

开票日期：2017年12月10日

购买方	名　　称：南方吉祥电器制造厂 纳税人识别号：618899154961786615 地 址、电 话：南方市海利路 118 号 0898-31586889 开户行及账号：工行南方市分行 5918336544786991899					密码区	（略）	
货物或应税劳务、服务名称	规格型号	单位	数量	单价	金额	税率	税额	
文件夹		个	20	6.80	136.00	17%	23.12	
笔		支	200	0.50	100.00	17%	17.00	
计算器		个	1	44.46	44.46	17%	7.56	
合　计					¥280.46		¥47.68	
价税合计（大写）	⊗叁佰贰拾捌元壹角肆分				（小写）¥328.14			
销售方	名　　称：南方大有文化用品有限公司 纳税人识别号：865874965546 地 址、电 话：南方市长沙路 126 号 0898-29654230 开户行及账号：中国银行南方长沙路支行 196574123					备注	南方大有文化用品有限公司 865874965546 发票专用章	

第三联 发票联 购买方记账凭证

收款人：张武　　复核：李琦　　开票人：王莹　　销售方：（章）

业务 31-1

领　料　单（记账联）

领料部门：　　开单日期　　年　　月　　日　　编号：8029

发料仓库：　　发料日期　　年　　月　　日　　限　　天有效

货物用途	材料名称	型号规格	单位	数量		单价/元	金额/元
				请领	实领		
领料根据及用途							

发料：　　材料计划：　　领料主管：　　领料：

业务 31-2

领　料　单（记账联）

领料部门：　　　　　开单日期　　年　　月　　日　　　　　编号：8030
发料仓库：　　　　　发料日期　　年　　月　　日　　　　　限　　天有效

货物用途	材料名称	型号规格	单位	数量		单价/元	金额/元
				请领	实领		
领料根据及用途							

发料：　　　　　材料计划：　　　　　领料主管：　　　　　领料：

业务 31-3

领　料　单（记账联）

领料部门：　　　　　开单日期　　年　　月　　日　　　　　编号：8031
发料仓库：　　　　　发料日期　　年　　月　　日　　　　　限　　天有效

货物用途	材料名称	型号规格	单位	数量		单价/元	金额/元
				请领	实领		
领料根据及用途							

发料：　　　　　材料计划：　　　　　领料主管：　　　　　领料：

业务 32

中国工商银行南方市分行　送款回单

总字 89 号

填送 2017 年 12 月 10 日　　　　开户银行：工行南方市分行　　　　字 12 号

单位全称	南方吉祥电器制造厂	账号	591833654478699l899
人民币（大写）	伍拾万元整	亿 千 百 十 万 千 百 十 元 角 分	¥ 5 0 0 0 0 0 0 0
款项来源	南方光明电缆厂投资款		
备注：此送款单于第　　次清算提出 （附单据　　张）		经办员 王伟 银行签章处	中国工商银行南方市分行 2017.12.10 转账 转讫

单位主管 张枚　　　　会计 林清　　　　复核 陈方　　　　记账 黎明

业务 33-1

海南增值税专用发票

发 票 联

(全国统一发票监制章 海南省国家税务局)

№ 0076711

开票日期：2017年12月11日

购买方	名　　称：南方吉祥电器制造厂 纳税人识别号：618899154961786 6115 地 址、电 话：南方市海利路 118 号 0898-31586889 开户行及账号：工行南方市分行 5918336544786991899	密码区	（略）

货物或应税劳务、服务名称	规格型号	单位	数量	单价	金额	税率	税额
挤压机		台	1	20 000.00	20 000.00	17%	3 400.00
合　计					¥20 000.00		¥3 400.00
价税合计（大写）	⊗贰万叁仟肆佰元整				（小写）¥23 400.00		

销售方	名　　称：南方挤压机厂 纳税人识别号：265865982157625 9654 地 址、电 话：南方市万全路 26 号 56217989 开户行及账号：工行南方市分行 1549523695475679652	备注	南方挤压机厂 265865982157625 9654 发票专用章

收款人：秦方　　复核：孙枚　　开票人：周红　　销售方：（章）

第三联 发票联 购买方记账凭证

业务 33-2

中国工商银行 转账支票存根 00657857	中国工商银行 转账支票　　00657857
附加信息	出票日期（大写）　年　月　日　付款行名称： 收款人：　　　出票人账号：
出票日期　年　月　日	人民币（大写）　亿 千 百 十 万 千 百 十 元 角 分
收 款 人：	付款期限自出票之日起十天
金　额：	用途　　　密码 上列款项请从　　　行号 我账户内支付 出票人签章
用　途：	南方吉祥电器制造厂 财务专用章　　复核　王青印　记账
单位主管　会计	

业务 33-3

固定资产验收单

年　　月　　日

供货单位：

固定资产编号	固定资产名称	规格	单位	数量	金额/元	备注

保管验收：张有宝　　　　采购员：王赐中

业务 34-1

领　料　单（记账联）

领料部门：　　开单日期　　年　　月　　日　　编号：8032

发料仓库：　　发料日期　　年　　月　　日　　限　　天有效

货物用途	材料名称	型号规格	单位	数量		单价/元	金额/元
				请领	实领		
领料根据及用途							

发料：　　材料计划：　　领料主管：　　领料：

业务 34-2

海南增值税专用发票

记　账　联

№ 234568

开票日期：

购买方	名　　称： 纳税人识别号： 地 址、电 话： 开户行及账号：				密码区	（略）	
货物或应税劳务、服务名称	规格型号	单位	数量	单价	金额	税率	税额
合　计							
价税合计（大写）				（小写）¥			
销售方	名　　称： 纳税人识别号： 地 址、电 话： 开户行及账号：				备注	南方吉祥电器制造厂 591833654478699189 发票专用章	

第一联　记账联　销售方记账凭证

收款人：　　复核：　　开票人：　　销售方：（章）

业务 34-3

中国工商银行 现金进账单（回单或收账通知）

2017年12月11日

收款人	全称	南方吉祥电器制造厂	开户银行	工行南方市分行
	账号	5918336544786991899	款项来源	出售甲材料
人民币（大写）		玖佰陆拾元整		

票面	张数	十	万	千	百	十	元	角	分	票面	张数	百	十	元	角	分	
壹佰	9				9	0	0	0	0	伍角							收款银行盖章（中国工商银行南方市分行 2017.12.11 转账 转讫）
伍拾	1					5	0	0	0	壹角							
贰拾										伍分							
拾元	1					1	0	0	0	贰分							收银员
伍元										壹分							
壹元										合计							复核员
合计				¥	9	6	0	0	0								

业务 35-1

海南增值税专用发票

发票联

№ 0045684

开票日期：2017年12月11日

购买方	名称：南方吉祥电器制造厂 纳税人识别号：6188991549617866115 地址、电话：南方市海利路118号 0898-31586889 开户行及账号：工行南方市分行 5918336544786991899				密码区	（略）		
货物或应税劳务、服务名称	规格型号	单位	数量	单价	金额	税率	税额	
安装费		台	1	1 240	1 240	11%	136.40	
合计					¥1 240		¥136.40	
价税合计（大写）	⊗壹仟叁佰柒拾陆元肆角整				（小写）¥1 376.40			
销售方	名称：南方机电安装有限公司 纳税人识别号：55925874795959532372 地址、电话：南方市北苑路38号 0898-36857433 开户行及账号：中国银行南方北苑路支行 6222022297856666				备注	南方机电安装有限公司 55925874795932372 发票专用章		

第三联 发票联 购买方记账凭证

收款人：林林　　复核：李明　　开票人：王清　　销售方：（章）

业务 35-2

中国工商银行
转账支票存根
00657858

附加信息

出票日期 年 月 日

收 款 人：

金 额：

用 途：

单位主管 会计

付款期限自出票之日起十天

中国工商银行 转账支票 00657858

出票日期（大写） 年 月 日 付款行名称：

收款人： 出票人账号：

人民币（大写）	亿	千	百	十	万	千	百	十	元	角	分

用途 密码

上列款项请从 行号

我账户内支付

出票人签章 复核 记账

南方吉祥电器制造厂 财务专用章

王青印

业务 35-3

固定资产交付使用单

南方吉祥电器制造厂 设备科

使用部门： 日期：2017年12月11日

设备名称	挤压机	设备编号	573244
规格型号	XD6589	原始价值	21240.00元
精密程度		预计使用年限	5年
生产单位	南方挤压机厂	预计净残值	4%
出厂日期	2017年12月11日	交付使用日期	2017年12月11日
验收项目	验收记录		负责人
运转状态	良好		王峰
精密测试	良好		王峰
达产程度	良好		王峰
环境监察	良好		宋荣
综合意见	可以使用		宋荣

验收人：张有宝 接受人：王峰 设备主管：黎明 财务主管：李民

业务 36-1

领　料　单（记账联）

领料部门：　　开单日期　　年　　月　　日　　编号：8033
发料仓库：　　发料日期　　年　　月　　日　　限　　天有效

货物用途	材料名称	型号规格	单位	数量		单价 / 元	金额 / 元
				请领	实领		
领料根据及用途							

发料：　　材料计划：　　领料主管：　　领料：

业务 36-2

领　料　单（记账联）

领料部门：　　开单日期　　年　　月　　日　　编号：8034
发料仓库：　　发料日期　　年　　月　　日　　限　　天有效

货物用途	材料名称	型号规格	单位	数量		单价 / 元	金额 / 元
				请领	实领		
领料根据及用途							

发料：　　材料计划：　　领料主管：　　领料：

业务 36-3

领　料　单（记账联）

领料部门：　　开单日期　　年　　月　　日　　编号：8035
发料仓库：　　发料日期　　年　　月　　日　　限　　天有效

货物用途	材料名称	型号规格	单位	数量		单价 / 元	金额 / 元
				请领	实领		
领料根据及用途							

发料：　　材料计划：　　领料主管：　　领料：

业务 37-1

差旅费报销单

单位名称：　　　　　　　　　　　　出差起止日期由 2017 年 12 月 05 日至 2017 年 12 月 09 日

出差人姓名：刘强				出差地点：广州		出差天数：5			事由：采购材料
飞机车船及住宿	种　类	票据张数	金额	出差补助费	出差地点	天数	标准	金额	报销结算情况
	火车票	2	270.00		广州	5	90.00	450.00	原出差借款 1800.00 元，报销 1156.00 元，补＿＿元，退还 644.00元。
	市内汽车费	13	46.00						
	住宿费	1	260.00						
	其他车补		130.00						
	长途汽车费								
									说明
	小　计		706.00						审批人　　支领人
合计金额	大写：壹仟壹佰伍拾陆元整　小写：¥1156.00								王春秋　　刘强 2017 年 12 月 12 日

业务 37-2

收款收据

收款日期：2017 年 12 月 12 日　　　　No.23459

今收到：刘强

交　来：原借差旅费的剩余款项

人民币（大写）陆佰肆拾肆元整　　¥ 644.00

备注：

收款单位：　　　　收款人：周州　　　　经办人：朱力

业务 38-1

海南增值税专用发票

发 票 联

全国统一发票监制章 国家税务总局监制

№ 0045677

开票日期：2017年12月12日

购买方	名 称：南方吉祥电器制造厂 纳税人识别号：618899154961786611 地 址、电 话：南方市海利路 118 号 0898-31586889 开户行及账号：工行南方市分行 591833654478699189				密码区	（略）	
货物或应税劳务、服务名称	规格型号	单位	数量	单价	金额	税率	税额
广告费					18 000	6%	1 080.00
合 计					￥18 000		￥1 080.00
价税合计（大写）	⊗壹万玖仟零捌拾元整				（小写）￥19 080.00		
销售方	名 称：南方金亿广告服务有限公司 纳税人识别号：650226747982592122 地 址、电 话：南方市芙蓉路 96 号 0898-96854712 开户行及账号：中国建设银行南方芙蓉路支行 123456987				备注	南方金亿广告服务有限公司 650226747982592122 发票专用章	

收款人：杨光 复核：张友明 开票人：王建 销售方：（章）

第三联 发票联 购买方记账凭证

业务 38-2

中国工商银行
转账支票存根
00657859

附加信息

出票日期 年 月 日

收 款 人：

金 额：

用 途：

单位主管 会计

中国工商银行 转账支票 00657859

出票日期（大写） 年 月 日 付款行名称：

收款人： 出票人账号：

付款期限自出票之日起十天

人民币（大写）	亿	千	百	十	万	千	百	十	元	角	分

用途

上列款项请从

我账户内支付

出票人签章

南方吉祥电器制造厂 财务专用章

密码

行号

复核 王青印 记账

业务 39-1

海南增值税专用发票

全国统一发票监制章 国家税务总局监制

记 账 联

№ 234569

开票日期：

购买方	名　　称： 纳税人识别号： 地 址、电 话： 开户行及账号：				密码区	（略）		
货物或应税劳务、服务名称	规格型号	单位	数量	单价	金额	税率	税额	
合　计								
价税合计（大写）					（小写）¥			
销售方	名　　称： 纳税人识别号： 地 址、电 话： 开户行及账号：				备注	南方吉祥电器制造厂 5918336544786991899 发票专用章		

收款人：　　复核：　　开票人：　　销售方：（章）

第一联 记账联 销售方记账凭证

业务 39-2

产品销售单

2017年12月12日

单位	山西广播电视影业公司			车号	
产品名称	规格	单位	计划数	单价 / 元	金额 / 元
A 产品		件	600		
备注					

财务科长：代保珍　　制表人：杨明

发货返财务

业务 39-3

代垫运费证明单

日期：2017年12月12日

购货单位	山西广播电视影业公司	发往地点	山西
货物名称	A 产品	货物数量	600 件
运费金额	大写：肆仟捌佰元整 ¥4800.00		
运输方式及票号	汽运		

部门负责人：彭智　　经手人：毛业

第二联 记账联

业务 39-4

海南增值税专用发票

发 票 联

№ 0045626

开票日期：2017年12月12日

购买方	名　　称：山西广播电视影业公司 纳税人识别号：365485235459523 地 址、电 话：山西省太原市共和路 121 号 0351-82206541 开户行及账号：工行太原市分行 95623145521				密码区	（略）		
货物或应税劳务、服务名称	规格型号	单位	数量	单价	金额	税率	税额	
运费					4 324.32	11%	475.68	
合　计					¥4 324.32		¥475.68	
价税合计（大写）	⊗肆仟捌佰元整				（小写）¥4 800.00			
销售方	名　　称：南方市万全物流有限公司 纳税人识别号：95622130521 地 址、电 话：南方市滨海路 28 号 0898-5230213 开户行及账号：中行南方市滨海路 622052143624				备注	南方市—山西太原市 车号：A62986 货物：A 产品		

第三联 发票联 购买方记账凭证

收款人：赵光　　复核：张友　　开票人：王索　　销售方：（章）

业务 39-5

中国工商银行 转账支票存根 00657860	中国工商银行 转账支票　00657860
附加信息	出票日期（大写）　年　月　日 付款行名称：
	收款人：　出票人账号：
出票日期　年　月　日	人民币（大写）　亿 千 百 十 万 千 百 十 元 角 分
收款人：	付款期限自出票之日起十天
金　额：	用途　　密码
用　途：	上列款项请从我账户内支付　行号
单位主管　会计	出票人签章　复核　记账

（印章：南方吉祥电器制造厂 财务专用章；王青印）

业务 40

中国工商银行 电汇凭证 （回单） 4

□普通 □加急　　委托日期 2017年12月01日

汇款人	全称	南方吉祥电器制造厂	收款人	全称	浙江模具厂
	账号	591833654478699189		账号	1564957295473256145
	汇出地点	海南省南方市/县		汇入地点	浙江省嘉兴市/县
汇出行名称		工行南方市分行	汇入行名称		工行嘉兴市分行
金额	人民币（大写）	贰万元整		千百十万千百十元角分	¥2000000
中国工商银行南方市分行 2017.12.15 转账 转讫 汇款人签章			支付密码		
			附加信息及用途：		
			复核 王一 记账 胡为		

此联是汇出行交给汇款人的回单

业务 41

固定资产交付使用单

使用部门：一车间　　日期：2017年12月15日

设备名称	铣床	设备编号	CJ03-06
规格型号		原始价值	245750.51元
精密程度		预计使用年限	10年
生产单位	东风机床厂	预计净残值	4%
出厂日期	2017年11月30日	交付使用日期	2017年12月15日
验收项目	验收记录		负责人
运转状态	良好		李兵
精密测试	良好		李兵
达产程度	良好		李兵
环境监察	良好		杨林
综合意见	可以投入使用		杨林

（印章：南方吉祥电器制造厂 设备科）

验收人：张有宝　　接受人：王峰　　设备主管：黎明　　财务主管：李民

业务 42-1

产品销售单

2017年12月15日

单位	南方机电设备有限公司			车号	
产品名称	规格	单位	计划数	单价/元	金额/元
B产品		件	500		
备注					

发货返财务

财务科长：代保珍　　制表人：杨明

业务 42-2

海南增值税专用发票

记 账 联

№ 234570

开票日期：

购买方	名 称： 纳税人识别号： 地 址、电 话： 开户行及账号：				密码区	（略）	
货物或应税劳务、服务名称	规格型号	单位	数量	单价	金额	税率	税额
合 计							
价税合计（大写）					（小写）¥		
销售方	名 称： 纳税人识别号： 地 址、电 话： 开户行及账号：				备注	南方吉祥电器制造厂 591833654478699189 发票专用章	

收款人： 复核： 开票人： 销售方：（章）

第一联 记账联 销售方记账凭证

业务 42-3

中国工商银行 进账单（收账通知） 3

2017 年 12 月 15 日

出票人	全 称	南方机电设备有限公司	收款人	全 称	南方吉祥电器制造厂
	账 号	6248957465219547652		账 号	591833654478699189
	开户银行	工行南方市分行		开户银行	工行南方市分行

金额	人民币（大写）	亿	千	百	十	万	千	百	十	元	角	分
	壹拾万零伍仟叁佰元整			¥	1	0	5	3	0	0	0	0

票据种类		票据张数	
票据号码			
备注： 复核 张力 记账 江兰			中国工商银行南方市分行 2017.12.15 转账 转讫 收款人开户银行签章

此联是银行交给收款人的收账通知

业务 43-1

收款收据

收款日期：2017年12月15日　　　　　　　　　　　　　　　　No.23458

今收到：河南商丘电器贸易公司

交　来：合同违约金

人民币（大写）贰仟元整（小写）¥2000.00

（印章：南方吉祥电器制造厂 财务专用章）

备注：

收款单位：　　　　　　　收款人：周州　　　　　　　经办人：彭智

业务 43-2

中国工商银行　信汇凭证（回单）　1

☐普通　☐加急　　　　委托日期 2017年12月15日

汇款人	全　称	河南商丘电器贸易公司	收款人	全　称	南方吉祥电器制造厂
	账　号	5489357195165496246		账　号	5918336544786991899
	汇出地点	河南省商丘市/县		汇入地点	浙江省嘉兴市/县
汇出行名称		工行商丘市分行	汇入行名称		工行南方市分行

金额	人民币（大写）	千	百	十	万	千	百	十	元	角	分
	贰仟元整				¥	2	0	0	0	0	0

（印章：中国工商银行南方市分行 2017.12.15 转账 转讫） 汇出行签章	支付密码 附加信息及用途： 复核 王明　记账 胡秀

此联汇出行给汇款人的回单

业务 44

中国工商银行
现金支票存根
006754855

附加信息

出票日期　　年　　月　　日

收　款　人：	
金　　额：	
用　　途：	

单位主管　　　　会计

中国工商银行 现金支票　　006754855

付款期限自出票之日起十天

出票日期（大写）　　年　　月　　日 付款行名称：
收款人：　　　　出票人账号：

人民币（大写）	亿	千	百	十	万	千	百	十	元	角	分

用途 ＿＿＿＿＿＿　　密码 ＿＿＿＿＿＿
上列款项请从　　行号 ＿＿＿＿＿＿
我账户内支付
出票人签章　　南方吉祥电器制造厂 财务专用章　　复核　王青印　记账

业务 45-1

医药费报销单
2017年12月16日
编号547
附单据 5 张

职工姓名	杨柳	家属姓名		与本人关系	
种　类	凭证张数		全部金额 / 元	报销金额 / 元	
西药费					
挂号费					
针药费	1		1146.25	1146.25	
外配药					
按规定报销人民币（大写）：壹仟壹佰肆拾陆元贰角伍分				¥1146.25	
财务主管	记账	出纳	审核	制单	报销人签收
				杨柳	杨柳

业务 45－2

海南增值税专用发票　　　　№ 0045623

发　票　联

开票日期：2017年12月16日

<table>
<tr><td rowspan="4">购买方</td><td colspan="6">名　　　称：南方吉祥电器制造厂</td><td rowspan="4">密码区</td><td colspan="3" rowspan="4">（略）</td></tr>
<tr><td colspan="6">纳税人识别号：6188991549617866115</td></tr>
<tr><td colspan="6">地 址、电 话：南方市海利路 118 号 0898-31586889</td></tr>
<tr><td colspan="6">开户行及账号：工行南方市分行 5918336544786991899</td></tr>
<tr><td colspan="2">货物或应税劳务、服务名称</td><td>规格型号</td><td>单位</td><td>数量</td><td colspan="2">单价</td><td colspan="2">金额</td><td>税率</td><td>税额</td></tr>
<tr><td colspan="2">针药费</td><td></td><td></td><td></td><td colspan="2">1 146.25</td><td colspan="2">1 146.25</td><td>0%</td><td>0</td></tr>
<tr><td colspan="2">合　计</td><td></td><td></td><td></td><td colspan="2"></td><td colspan="2">¥1 146.25</td><td></td><td>0</td></tr>
<tr><td colspan="2">价税合计（大写）</td><td colspan="6">⊗壹仟壹佰肆拾陆元贰角伍分</td><td colspan="3">（小写）¥1 146.25</td></tr>
<tr><td rowspan="4">销售方</td><td colspan="6">名　　　称：南方市人民医院</td><td rowspan="4">备注</td><td colspan="3" rowspan="4">南方市人民医院
120456087678323
发票专用章</td></tr>
<tr><td colspan="6">纳税人识别号：120456087678323</td></tr>
<tr><td colspan="6">地 址、电 话：南方市五指山路 34 号 0898-68765432</td></tr>
<tr><td colspan="6">开户行及账号：中国建设银行南方五指山路支行 156495729547</td></tr>
</table>

第三联 发票联 购买方记账凭证

收款人：杨光　　　　复核：张友明　　　　开票人：王建　　　　销售方：（章）

业务 45–3

医药费报销单

编号 85476

2017年 12月 16日　　　　附单据 3 张

<table>
<tr><td>职工姓名</td><td>张越娟</td><td>家属姓名</td><td></td><td>与本人关系</td><td colspan="2"></td></tr>
<tr><td>种　类</td><td colspan="2">凭证张数</td><td colspan="2">全部金额 / 元</td><td colspan="2">报销金额 / 元</td></tr>
<tr><td>西药费</td><td colspan="2"></td><td colspan="2"></td><td colspan="2"></td></tr>
<tr><td>挂号费</td><td colspan="2"></td><td colspan="2"></td><td colspan="2"></td></tr>
<tr><td>针药费</td><td colspan="2">1</td><td colspan="2">981.75</td><td colspan="2">981.72</td></tr>
<tr><td>外配药</td><td colspan="2"></td><td colspan="2"></td><td colspan="2"></td></tr>
<tr><td colspan="5">按规定报销人民币（大写）：玖佰捌拾壹元柒角贰分</td><td colspan="2">¥981.72</td></tr>
<tr><td>财务主管</td><td>记账</td><td>出纳</td><td>审核</td><td colspan="2">制单
张越娟</td><td>报销人签收
张越娟</td></tr>
</table>

南方吉祥电器制造厂 财务专用章

业务 45-4

海南增值税专用发票

发 票 联

№ 0045624

开票日期：2017年12月16日

购买方	名　　称：南方吉祥电器制造厂 纳税人识别号：6188991549617866115 地 址、电 话：南方市海利路 118 号 0898-31586889 开户行及账号：工行南方市分行 5918336544786991899				密码区	（略）	
货物或应税劳务、服务名称	规格型号	单位	数量	单价	金额	税率	税额
西药		瓶	4	245.43	981.72	0%	0
合　计					￥981.72		0
价税合计（大写）	⊗玖佰捌拾壹元柒角贰分				（小写）￥981.72		
销售方	名　　称：南方市人民医院 纳税人识别号：120456087678323 地 址、电 话：南方市五指山路 34 号 0898-68765432 开户行及账号：中国建设银行南方五指山路支行 156495729547				备注	南方市人民医院 120456087678323 发票专用章	

收款人：杨光　　复核：张友明　　开票人：王建　　销售方：（章）

第三联 发票联 购货方记账凭证

业务 46

海南增值税专用发票

发 票 联

№ 0089654

开票日期：2017年12月10日

购买方	名　　称：南方吉祥电器制造厂 纳税人识别号：6188991549617866115 地 址、电 话：南方市海利路 118 号 0898-31586889 开户行及账号：工行南方市分行 5918336544786991899				密码区	（略）	
货物或应税劳务、服务名称	规格型号	单位	数量	单价	金额	税率	税额
运费					133.26	3%	4
合　计					￥133.26		4
价税合计（大写）	⊗壹佰叁拾柒元贰角陆分				（小写）￥137.26		
销售方	名　　称：南方顺通运输有限公司 纳税人识别号：98562134521 地 址、电 话：南方市五指山路 21 号 0898-39856214 开户行及账号：农行南方市分行 96585214621				备注	南方市—南方市 车号：*C95632 货物：B 产品	

收款人：吴光　　复核：李友　　开票人：张索　　销售方：（章）

第三联 发票联 购买方记账凭证

业务 47

商业承兑汇票（存根）

3IV3192978

签发日期：2017年12月17日　　　　第101号

付款人	全　称	南方吉祥电器制造厂	收款人	全　称	上海轻化公司
	账　号	5918336544786991899		账　号	6497258341676549164
	开户银行	工行南方市分行		开户银行	工行上海市分行

金额	人民币（大写）	亿	千	百	十	万	千	百	十	元	角	分
	叁万贰仟元整				¥	3	2	0	0	0	0	0

汇票到期日	贰零壹捌年零陆月壹拾柒日	付款人开户行	行号	
交易合同号码			地址	
备注：不带息商业承兑汇票		负责人 孙清	经办人 周山	

南方吉祥电器制造厂 财务专用章

业务 48-1

产品销售单

2017年12月17日

单位	南方银光有限公司			车号	
产品名称	规格	单位	计划数	单价/元	金额/元
B产品		件	300		
备注					

财务科长：代保珍　　　　制表人：杨明

业务 48-2

海南增值税专用发票

记　账　联

№ 234270

开票日期：

购买方	名　称： 纳税人识别号： 地址、电话： 开户行及账号：				密码区	（略）	
货物或应税劳务、服务名称	规格型号	单位	数量	单价	金额	税率	税额
合　计							
价税合计（大写）				（小写）¥			
销售方	名　称： 纳税人识别号： 地址、电话： 开户行及账号：				备注	南方吉祥电器制造厂 5918336544786991899 发票专用章	

收款人：　　复核：　　开票人：　　销售方：（章）

第一联 记账联 销售方记账凭证

业务 48–3

中国工商银行 进账单（收账通知） 3

2017年12月17日

出票人	全称	南方银光有限公司	收款人	全称	南方吉祥电器制造厂
	账号	4521658932568745455		账号	5918336544786991899
	开户银行	农行南方市分行		开户银行	工行南方市分行
金额	人民币（大写）	陆万叁仟壹佰捌拾元整			
票据种类		票据张数			
票据号码					
备注：					
复核 苏涛	记账 黄飞		中国工商银行南方市分行 2017.12.17 转账 转讫	收款人开户银行签章	

亿	千	百	十	万	千	百	十	元	角	分
			¥	6	3	1	8	0	0	0

此联是银行交给收款人的收账通知

业务 49

托收凭证（付款通知） 5

委托号码：00870

委托日期：2017年12月17日 付款期限 2017年12月20日

业务类型	委托收款（☐邮划、☐电划）		托收承付（☐邮划、☐电划）		
付款人	全称	南方吉祥电器制造厂	收款人	全称	南方市社会保险事业局
	账号	5918336544786991899		账号	1346794665891245258
	地址	海南省南方市/县		地址	海南省南方市/县
汇出行名称	工行南方市分行		汇入行名称	工行南方市分行	
委收金额	人民币（大写）	壹仟肆佰陆拾捌元玖角叁分			
款项	社会保险费	委托收款凭据名称		附寄单证张数	
商品发运情况			合同名称号码		
备注： 付款人开户银行收到日期： 2017年12月17日 复核：王平 记账：刘芬	中国工商银行南方市分行 2017.12.17 转账 转讫 付款人开户银行签章		付款人注意： 1. 根据支付结算办法，上列委托收款（托收承付）款项在付款期限内未提出拒付的，即视为同意付款，以此代付款通知。 2. 如需提出全部或部分拒付，应在规定期限内，将拒付理由书并附债务证明退交开户银行。		

千	百	十	万	千	百	十	元	角	分
			¥	1	4	6	8	9	3

此联付款人开户银行给付款人的付款通知

业务 50

借款单

借款单位：行政管理部门　　2017年12月18日

借款事由：参加新技术研讨会

人民币（大写）：壹仟叁佰元整　　¥1300.00

备注：赴广州

单位负责人：王青　　借款人：王成

南方吉祥电器制造厂 财务专用章

业务 51

公司董事会：

我公司三年前售给河南无线电厂电缆，其所欠货款15000.00元，至今未归还。根据《企业会计制度》规定，应做坏账处理，请审核批注。

同意

公司董事长 王青

2017年12月18日

南方吉祥电器制造厂 财务专用章

南方吉祥电器制造厂

2017年12月18日

业务 52-1

领款单

2017年12月18日

领款部门	王雅 等	领款事由	报销托儿费
姓名	金额	签字	备注
王雅	200.00	王雅	托儿费
张燕	200.00	张燕	托儿费
合　计	400.00		

部门负责人：代保珍　　制表人：周州

业务 52-2

海南增值税普通发票

发票联

№ 0045633

开票日期：2017年12月18日

购买方	名　　称：南方吉祥电器制造厂 纳税人识别号：618899154961786611 5 地 址、电 话：南方市海利路 118 号 0898-31586889 开户行及账号：工行南方市分行 5918336544786991899	密码区	（略）

货物或应税劳务、服务名称	规格型号	单位	数量	单价	金额	税率	税额
托儿费			1	200	200	0%	0
合　计					¥200		0
价税合计（大写）	⊗贰佰元整				（小写）¥200.00		

销售方	名　　称：南方市第一机关幼儿园 纳税人识别号：4301007878277796 地 址、电 话：南方市文昌路 86 号 0898-24289844 开户行及账号：中国建设银行南方市文昌路支行 985632147	备注	职工王雅的女儿的托儿费

收款人：吴奕　　复核：张强　　开票人：刘海　　销售方：（章）

第三联 发票联 购买方记账凭证

业务 52-3

海南增值税普通发票

发票联

№ 0045634

开票日期：2017年12月18日

购买方	名　　称：南方吉祥电器制造厂 纳税人识别号：618899154961786611 5 地 址、电 话：南方市海利路 118 号 0898-31586889 开户行及账号：工行南方市分行 5918336544786991899	密码区	（略）

货物或应税劳务、服务名称	规格型号	单位	数量	单价	金额	税率	税额
托儿费			1	200	200	0%	0
合　计					¥200.00		0
价税合计（大写）	⊗贰佰元整				（小写）¥200.00		

销售方	名　　称：南方市第一机关幼儿园 纳税人识别号：4301007878277796 地 址、电 话：南方市文昌路 86 号 0898-24289844 开户行及账号：中国建设银行南方市文昌路支行 985632147	备注	职工张燕的儿子的托儿费

收款人：吴奕　　复核：张强　　开票人：刘海　　销售方：（章）

第三联 发票联 购买方记账凭证

业务 53-1

海南增值税专用发票

发 票 联

№ 0075913

开票日期：2017年12月19日

购买方	名 称：南方吉祥电器制造厂 纳税人识别号：618899154961786 6115 地 址、电 话：南方市海利路118号 0898-31586889 开户行及账号：工行南方市分行 591833654478699189 9			密码区	（略）		
货物或应税劳务、服务名称	规格型号	单位	数量	单价	金额	税率	税额
计算机		台	5	10 000.00	50 000.00	17%	8 500.00
合 计					¥50 000.00		¥8500.00
价税合计（大写）	⊗伍万捌仟伍佰元整				（小写）¥58 500.00		
销售方	名 称：联想集团南方销售公司 纳税人识别号：623845385284657478 9 地 址、电 话：南方市新民路88号 66984168 开户行及账号：工行南方市分行 461379136458576534 9			备注			

收款人：孙朋　　复核：张平　　开票人：胡月　　销售方：（章）

第三联 发票联 购买方记账凭证

业务 53-2

中国工商银行
转账支票存根
00657861

附加信息

出票日期　年　月　日

收 款 人：

金　额：

用　途：

单位主管　　会计

中国工商银行 转账支票　00657861

付款期限自出票之日起十天

出票日期（大写）　年　月　日 付款行名称：

收款人：　出票人账号：

人民币（大写）	亿	千	百	十	万	千	百	十	元	角	分

用途 ________　密码 ________

上列款项请从　行号 ________

我账户内支付

出票人签章　复核　记账

业务 53-3

固定资产交付使用单

使用部门：行政部　　　　日期：2017年12月19日

设备名称	计算机	设备编号	CJ05-08
规格型号	联想 686	原始价值	50000.00元
精密程度	一级	预计使用年限	5年
生产单位	联想集团	预计净残值	4%
出厂日期	2017年12月10日	交付使用日期	2017年12月9日
验收项目	验收记录		负责人
运转状态	良好		陈臣
精密测试	良好		陈臣
达产程度	良好		陈臣
环境监察	良好		林飞
综合意见	可以使用		林飞

南方吉祥电器制造厂 设备科

验收人：张有宝　　接受人：王峰　　设备主管：黎明　　财务主管：李民

业务 54-1

全国统一发票监制章 湖北 国家税务总局监制

湖北增值税专用发票

发票联

№ 0045273

开票日期：2017年12月19日

购买方	名称：南方吉祥电器制造厂 纳税人识别号：6188991549617866115 地址、电话：南方市海利路118号 0898-31586889 开户行及账号：工行南方市分行 5918336544786991899				密码区	（略）	
货物或应税劳务、服务名称	规格型号	单位	数量	单价	金额	税率	税额
乙材料		千克	4 000	11.00	44 000.00	17%	7 480.00
合　计					¥44 000.00		¥7 480.00
价税合计（大写）	⊗伍万壹仟肆佰捌拾元整				（小写）¥51 480.00		
销售方	名称：武汉金属材料公司 纳税人识别号：7152236526436159753 地址、电话：武汉市和平路58号 54192683 开户行及账号：工行武汉市分行 6413281791643275167				备注	武汉金属材料公司 6413281791643275167 发票专用章	

第三联 发票联 购买方记账凭证

收款人：陈秀　　复核：张涛　　开票人：田浩　　销售方：（章）

业务 54-2

商业承兑汇票（存根） 3 IV3192979

签发日期：2017年12月19日 第102号

付款人	全称	南方吉祥电器制造厂	收款人	全称	武汉金属材料公司
	账号	591833654478699189 9		账号	6413281791643275167
	开户银行	工行南方市分行		开户银行	工行武汉市分行

金额	人民币（大写）	亿	千	百	十	万	千	百	十	元	角	分
	伍万壹仟肆佰捌拾元整				¥	5	1	4	8	0	0	0

汇票到期日	贰零壹捌年零陆月壹拾玖日	付款人开户行	行号	
交易合同号码			地址	
备注：不带息商业承兑汇票		负责人 孙州	经办人 许强	

南方吉祥电器制造厂 财务专用章

业务 54-3

材料验收单

供货单位： 年 月 日

材料编号	材料名称	规格	单位	数量	金额 / 元	备注

保管验收：张有宝 采购员：王赐中

业务 55-1

中国工商银行
转账支票存根
00657862

附加信息

出票日期 年 月 日

收款人：	
金额：	
用途：	

单位主管 会计

中国工商银行 转账支票 00657862

付款期限自出票之日起十天

出票日期（大写） 年 月 日 付款行名称：

收款人： 出票人账号：

人民币（大写）	亿	千	百	十	万	千	百	十	元	角	分

用途 密码

上列款项请从 行号

我账户内支付

出票人签章 复核 记账

南方吉祥电器制造厂 财务专用章 王青印

业务 55-2

南方市慈善总会

收　据

收款日期：2017年12月19日　　　　　　　　　　　　　　　　　　　　No.159763

今收到：南方吉祥电器制造厂

交　来：捐赠款

人民币（大写）壹仟元整　　　¥1000.00

备注：

收款单位：　　　　　　　收款人：田野　　　　　　经办人：李强

第二联　捐款人收执

南方市慈善总会 财务专用章

业务 56

2017 年 12 月 22 日 10 时 15 分

中国工商银行人民币计息通知单

南方支行　　　　　　　　　　　　　　　　2017 年 12 月 22 日

单位账号：5918336544786991899　　　　　单位名称：南方吉祥电器制造厂

应付利息：0.00　　　　　　　　　　　　　应收利息：112.48

摘要：计息期间　　　　　　　　　　　　　2017.9.21—2017.12.20

中国工商银行南方市分行 2017.12.22 转账 转讫

业务 57-1

托收凭证（付款通知） 5

委托号码：00871

委托日期：2017年12月22日 付款期限 2017年12月25日

业务类型	委托收款（□邮划、□电划）		托收承付（□邮划、□电划）		
付款人	全称	南方吉祥电器制造厂	收款人	全称	中国电信股份有限公司南方市总公司
	账号	5918336544786991899		账号	5134687295173579516
	地址	海南省南方市/县		地址	海南省南方市/县
汇出行名称		工行南方市分行	汇入行名称		工行南方市分行
委收金额	人民币（大写）壹仟伍佰贰拾叁元玖角陆分			千百十万千百十元角分	¥1 5 2 3 9 6
款项	电话费	委托收款凭据名称		附寄单证张数	
商品发运情况			合同名称号码		
备注： 付款人开户银行收到日期： 2017年12月22日 复核：王二 记账：李四	中国工商银行南方市分行 2017.12.22 转账 转讫 付款人开户银行签章		付款人注意： 1. 根据支付结算办法，上列委托收款（托收承付）款项在付款期限内未提出拒付的，即视为同意付款，以此代付款通知。 2. 如需提出全部或部分拒付，应在规定期限内，将拒付理由书并附债务证明退交开户银行。		

此联付款人开户银行给付款人的付款通知

业务 57-2

海南增值税专用发票

（全国统一发票监制章 国家税务局监制）发票联

№ 0045552

开票日期：2017年12月20日

购买方	名称：南方吉祥电器制造厂 纳税人识别号：618899154961786611 5 地址、电话：南方市海利路118号 0898-31586889 开户行及账号：工行南方市分行 5918336544786991899				密码区	（略）	
货物或应税劳务、服务名称	规格型号	单位	数量	单价	金额	税率	税额
月基本费					20	11%	2.20
语音通信费					1 203.96	11%	132.44
增值业务费					300	6%	18.00
合计					1 523.96		152.64
价税合计（大写）	⊗壹仟陆佰柒拾陆元陆角整				（小写）¥1 676.60		
销售方	名称：中国电信股份有限公司南方市总公司 纳税人识别号：395681979123325751 92 地址、电话：南方市琼海路212 0898-66773196 开户行及账号：中国银行南方市滨江路支行 659996327532987597				备注	中国电信股份有限公司南方市总公司 395681979123325751 92 发票专用章	

收款人：吴思 复核：李路 开票人：李莹 销售方：（章）

第三联 发票联 购买方记账凭证

业务 58-1

广西增值税专用发票

发票联

№ 0065228

开票日期：2017年12月22日

购买方	名　　称：南方吉祥电器制造厂 纳税人识别号：618891549617866115 地 址、电 话：南方市海利路 118 号 0898-31586889 开户行及账号：工行南方市分行 5918336544786991899				密码区	（略）	
货物或应税劳务、服务名称	规格型号	单位	数量	单价	金额	税率	税额
甲材料		千克	7 000	13.00	91 000.00	17%	15 470.00
合　计					¥91 000.00		¥15 470.00
价税合计（大写）	⊗壹拾万陆仟肆佰柒拾元整				（小写）¥106 470.00		
销售方	名　　称：南宁五交化工厂 纳税人识别号：562389567845951765３ 地 址、电 话：南宁市中山路 69 号 46571392 开户行及账号：工行南宁市分行 357915976719329729４				备注	南宁五交化工厂 5623895678459517653 发票专用章	

收款人：周秀　　复核：潘涛　　开票人：张浩　　销售方：（章）

第三联 发票联 购买方记账凭证

业务 58-2

中国工商银行　信汇凭证（回单）　1

□普通　□加急　　委托日期 2017 年 12 月 22 日

汇款人	全　称	南方吉祥电器制造厂	收款人	全　称	南宁五交化工厂
	账　号	5918336544786991899		账　号	3579159767193297294
	汇出地点	海南省南方市/县		汇入地点	广西省南宁市/县
汇出行名称		工行南方市分行	汇入行名称		工行南宁市分行
金额	人民币（大写）	壹拾万陆仟肆佰柒拾元整		千 百 十 万 千 百 十 元 角 分	¥ 1 0 6 4 7 0 0 0
中国工商银行南方市分行 2017.12.22 转账 转讫 汇出行签章			支付密码		
			附加信息及用途：购材料		
			复核 张珍		记账 刑颜

业务 58–3

材料验收单

供货单位：　　　　　　　　　　年　　月　　日

材料编号	材料名称	规　格	单　位	数　量	金额／元	备　注

保管验收：张有宝　　　　　　　　　　采购员：王赐中

业务 59

托收凭证（付款通知）　　5

委托号码：00872

委托日期：2017年12月22日　　付款期限 2017年12月25日

业务类型	委托收款（□邮划、□电划）　托收承付（□邮划、□电划）		
付款人 全称	南方吉祥电器制造厂	收款人 全称	武汉机械制配厂
付款人 账号	5918336544786991899	收款人 账号	5497314652749546671
付款人 地址	海南省南方市／县	收款人 地址	海南省武汉市／县
汇出行名称	工行南方市分行	汇入行名称	工行武汉市分行
委收金额	人民币（大写）壹拾万元整	千百十万千百十元角分	¥10000000
款项	付银行承兑汇票款	委托收款凭据名称	银行承兑汇票
附寄单证张数			
商品发运情况		合同名称号码	
备注： 付款人开户行收到日期： 2017年12月22日 复核：王琴　记账：刘悦	中国工商银行南方市分行 2017.12.22 转账 转讫 付款人开户银行签章	付款人注意： 1. 根据支付结算办法，上列委托收款（托收承付）款项在付款期限内未提出拒付的，即视为同意付款，以此代付款通知。 2. 如需提出全部或部分拒付，应在规定期限内，将拒付理由书并附债务证明退交开户银行。	

此联付款人开户银行给付款人的付款通知

业务 60

中国工商银行 信汇凭证 （回单） 1

□普通 □加急 委托日期 2017 年 12 月 23 日

汇款人	全称	南方吉祥电器制造厂	收款人	全称	长沙有色金属材料厂
	账号	5918336544786991899		账号	5647913764825743614
	汇出地点	海南省南方市/县		汇入地点	湖南省长沙市/县
汇出行名称		工行南方市分行	汇入行名称		工行长沙市分行
金额	人民币（大写）	叁万壹仟陆佰伍拾肆元捌角五分	千百十万千百十元角分		¥31654.85
中国工商银行南方市分行 2017.12.23 转账 转讫 汇出行签章			支付密码		
			附加信息及用途：付货款		
			复核张珍		记账刑颜

此联是汇出行交给汇款人的回单

业务 61-1

海南增值税专用发票 № 0045552

发票联

开票日期：2017年12月23日

购买方	名称：南方吉祥电器制造厂 纳税人识别号：618899154961786 6115 地址、电话：南方市海利路 118 号 0898-31586889 开户行及账号：工行南方市分行 5918336544786991899			密码区	（略）		
货物或应税劳务、服务名称	规格型号	单位	数量	单价	金额	税率	税额
文件柜		个	4	340	1 360	17%	231.20
合计					¥1 360		231.20
价税合计（大写）	⊗壹仟伍佰玖拾壹元贰角整				（小写）¥1 591.20		
销售方	名称：南方明创文具用品有限公司 纳税人识别号：25811586671327 5782 地址、电话：南方市琼海路 26 号 0898-965874123 开户行及账号：中国银行南方琼海路支行 6549873215			备注	南方明创文具用品有限公司 258115866713275782 发票专用章		

收款人：赵武 复核：李贻 开票人：李莹 销售方：（章）

第三联 发票联 购买方记账凭证

业务 61-2

中国工商银行
转账支票存根
00657863

附加信息

出票日期　　年　　月　　日

收 款 人：

金　　额：

用　　途：

单位主管　　　　会计

付款期限自出票之日起十天

中国工商银行 转账支票　　00657863

出票日期（大写）　　年　　月　　日 付款行名称：
收款人：　　　　　　　　　　　　出票人账号：

人民币（大写）	亿	千	百	十	万	千	百	十	元	角	分

用途　　　　　　　　　　密码
上列款项请从　　　　　　行号
我账户内支付
出票人签章　南方吉祥电器制造厂 财务专用章　　复核　王青印　记账

业务 61-3

材料验收单

供货单位：　　　　　　　年　　月　　日

材料编号	材料名称	规　格	单　位	数　量	金额 / 元	备　注

保管验收：张有宝　　　　　　　　采购员：王赐中

业务 61-4

低值易耗品摊销分配表

2017 年 12 月 23 日

项　目	摊 销 时 间	摊销金额 / 元	备　注
合　计			

财务科长：代保珍　　　　　　　　制表人：杨明

业务 62

固定资产交付使用单

使用部门：一车间　　日期：2017年12月23日

设备名称	计算机	设备编号	GF5387607
规格型号	FDG33426	原始价值	4000.00 元
精密程度		预计使用年限	5 年
生产单位		预计净残值	4%
出厂日期		交付使用日期	2017 年 12 月 23 日
验收项目	验收记录		负责人
运转状态	良好		王峰
精密测试	良好		王峰
达产程度	良好		王峰
环境监察	良好		宋荣
综合意见	可以使用		宋荣

验收人：张有宝　　接受人：王峰　　设备主管：黎明　　财务主管：李民

（印章：南方吉祥电器制造厂 设备科）

业务 63-1

送货单

收货单位：南方第二拉丝厂　　2017年12月24日　　第 102 号

货号	品名	单位	数量	单价	金额/元	备注
	M 自制半成品	件	700	30.20	21140.00	

第三联 送货回执

经手人：林超

业务 63-2

中国工商银行
转账支票存根
00657864

附加信息

出票日期　年　月　日

收款人：

金额：

用途：

单位主管　会计

中国工商银行 转账支票　00657864

付款期限自出票之日起十天

出票日期（大写）　年　月　日 付款行名称：

收款人：　出票人账号：

人民币（大写）	亿	千	百	十	万	千	百	十	元	角	分

用途　　密码

上列款项请从　　行号

我账户内支付

出票人签章　　复核　记账

（印章：南方吉祥电器制造厂 财务专用章；印章：王青印）

业务 63-3

海南增值税专用发票

发 票 联

№ 0036485

开票日期：2017年12月22日

购买方	名 称：南方吉祥电器制造厂 纳税人识别号：6188991549617866115 地 址、电 话：南方市海利路 118 号 0898-31586889 开户行及账号：工行南方市分行 5918336544786991899				密码区	（略）	
货物或应税劳务、服务名称	规格型号	单位	数量	单价	金额	税率	税额
加工费		批	1	2 100.00	2 100.00	17%	357.00
合 计					¥2 100.00		¥357.00
价税合计（大写）	⊗贰仟肆佰伍拾柒元整				（小写）¥2 457.00		
销售方	名 称：南方第二拉丝厂 纳税人识别号：5623895678459517653 地 址、电 话：南方市海景路 79 号 65134857 开户行及账号：工行南方市分行 6512894535716572264				备注	南方第二拉丝厂 5623895678459517653 发票专用章	

收款人：金志　　复核：洪祥　　开票人：胡奇　　销售方：（章）

第三联 发票联 购买方记账凭证

业务 64-1

海南增值税专用发票

发 票 联

№ 0045684

开票日期：2017年12月24日

购买方	名 称：南方吉祥电器制造厂 纳税人识别号：6188991549617866115 地 址、电 话：南方市海利路 118 号 0898-31586889 开户行及账号：工行南方市分行 5918336544786991899				密码区	（略）	
货物或应税劳务、服务名称	规格型号	单位	数量	单价	金额	税率	税额
仓库工程			1	126 000.00	126 000.00	11%	13 860.00
合 计					¥126 000.00		¥13 860.00
价税合计（大写）	⊗壹拾叁万玖仟捌佰陆拾元整				（小写）¥139 860.00		
销售方	名 称：南方伟信建筑工程有限公司 纳税人识别号：654321987 地 址、电 话：南方市西沙路 132 号 0898-65493218 开户行及账号：中国工商银行南方市西沙路支行 622202229654321				备注	南方伟信建筑工程有限公司 64321987 发票专用章	

收款人：林林　　复核：李明　　开票人：王清　　销售方：（章）

第三联 发票联 购买方记账凭证

业务 64-2

中国工商银行
转账支票存根
00657865

附加信息

出票日期　　年　月　日

收 款 人：

金　　额：

用　　途：

单位主管　　　会计

中国工商银行 转账支票　　00657865

付款期限自出票之日起十天

出票日期（大写）　　年　　月　　日 付款行名称：

收款人：　　出票人账号：

人民币（大写）	亿	千	百	十	万	千	百	十	元	角	分

用途 ________　　密码 ________

上列款项请从　　行号 ________

我账户内支付

出票人签章　南方吉祥电器制造厂 财务专用章　　复核　王青印　记账

业务 65

长期借款计息单

2017 年 12 月 24 日

项　目	金额 / 元	年利息率	利息 / 元
长期借款	1200000.00	10%	120000.00
合　计			

财务科长：代保珍　　　　制表人：杨明

南方吉祥电器制造厂 财务专用章

业务 66-1

产品销售单

2017 年 12 月 24 日

单　位	南昌机电厂			车　号	
产品名称	规格	单位	计划数	单价 / 元	金额 / 元
A 产品		件	700		
备注					

发货返财务

财务科长：代保珍　　　　制表人：杨明

业务 66-2

海南增值税专用发票

记　账　联

№ 237572

开票日期：

购买方	名　　称： 纳税人识别号： 地　址、电　话： 开户行及账号：					密码区	（略）
货物或应税劳务、服务名称	规格型号	单位	数量	单价	金额	税率	税额
合　计							
价税合计（大写）				（小写）¥			
销售方	名　　称： 纳税人识别号： 地　址、电　话： 开户行及账号：					备注	南方吉祥电器制造厂 591833654478699189 9 发票专用章

收款人：　　复核：　　开票人：　　销售方：（章）

第一联　记账联　销售方记账凭证

业务 66-3

银行承兑汇票

出票日期（大写）　贰零壹柒年壹拾贰月零伍日

出票人全称	南昌机电厂	收款人	全　　称	南方吉祥电器制造厂
出票人账号	2496587136489547754		账　　号	5918336544786991899
付款行全称	工行南昌市分行		开户银行	工行南方市分行
出票金额	人民币（大写）壹拾陆万捌仟捌佰元整			百 十 万 千 百 十 元 角 分 ¥ 1 6 8 8 0 0 0 0
汇票到期日（大写）	贰零壹捌年零陆月贰拾肆日	付款行	行　　号	684217951436587
承兑协议编号			地　　址	江西省南昌市富强路99号
本汇票请你行承兑，到期无条件付款。 （南昌机电厂财务专用章） 出票人签章		汇票已经承兑，到期日由本行付款 承兑行签章（中国工商银行南方市分行 2017.12.24 转账 转讫） 承兑日期 2017年12月24日 备注：		密押 复核 钱安 记账 邱华

此联收款人开户行随托收凭证寄付款行作借方凭证附件

业务 66-4

代垫运费证明单

日期：2017年12月24日

购货单位	南昌机电厂	发往地点	江西省南昌市
货物名称	A产品	货物数量	700件
运费金额	大写：伍仟元整	¥5000.00	
运输方式及票号	公路		

部门负责人：彭智　　　　经手人：毛业

业务 66-5

海南增值税专用发票

发票联

№ 0065241

开票日期：2017年12月24日

购买方	名　　称：南昌机电厂 纳税人识别号：98652356124 地 址、电 话：江西省南昌市共和路956号 0790-65412301 开户行及账号：工行南昌共和路支行 6222022201569874				密码区	（略）	
货物或应税劳务、服务名称	规格型号	单位	数量	单价	金额	税率	税额
运费					4 504.50	11%	495.50
合　计					¥4 504.50		¥495.50
价税合计（大写）	⊗伍仟元整				（小写）¥5 000.00		
销售方	名　　称：南方市万全物流有限公司 纳税人识别号：95622130521 地 址、电 话：南方市滨海路28号 0898-5230213 开户行及账号：中行南方市滨海路 622052143624				备注	南方市—山西太原市 车号：*A62962 货物：A产品	

第三联 发票联 销售方记账凭证

收款人：赵光　　复核：张友　　开票人：王索　　销售方：（章）

业务 66-6

中国工商银行转账支票存根

00657866

附加信息

出票日期　　年　　月　　日

收 款 人：

金　　额：

用　　途：

单位主管　　　　会计

中国工商银行 转账支票　　00657866

出票日期（大写）　　年　　月　　日 付款行名称：

收款人：　　　　出票人账号：

人民币（大写）	亿	千	百	十	万	千	百	十	元	角	分

付款期限自出票之日起十天

用途　　　　密码

上列款项请从　　　　行号

我账户内支付

出票人签章　　　　复核　　　　记账

（印章：南方吉祥电器制造厂 财务专用章；王青印）

业务 67-1

证　明

南方琼洲贸易公司借包装物铁盒 48 个，现预期未还，根据合同规定，没收其押金 13 161.60 元。

南方吉祥电器制造厂　包装物仓库（南方吉祥电器制造厂 财务专用章）

2017 年 12 月 25 日

业务 67-2

海南增值税专用发票

№ 234572

记　账　联

开票日期：

购买方	名　　称： 纳税人识别号： 地　址、电　话： 开户行及账号：				密码区	（略）	
货物或应税劳务、服务名称	规格型号	单位	数量	单价	金额	税率	税额
合　计							
价税合计（大写）				（小写）¥			
销售方	名　　称： 纳税人识别号： 地　址、电　话： 开户行及账号：				备注	南方吉祥电器制造厂 591833654478691899 发票专用章	

收款人：　　复核：　　开票人：　　销售方：（章）

第一联　记账联　销售方记账凭证

业务 67-3

领 料 单 （记账联）

领料部门：　　开单日期　　年　　月　　日　　编号：8029

发料仓库：　　发料日期　　年　　月　　日　　限　　天有效

货物用途	材料名称	型号规格	单位	数量		单价 / 元	金额 / 元
				请领	实领		
领料根据及用途							

发料：　　材料计划：　　领料主管：　　领料：

业务 68

领 料 单　（记账联）

领料部门：　　　　　　开单日期　　年　　月　　日　　　　编号：8036

发料仓库：　　　　　　发料日期　　年　　月　　日　　　　限　　天有效

货物用途	材料名称	型号规格	单位	数量		单价 / 元	金额 / 元
				请领	实领		
领料根据及用途							

发料：　　　　材料计划：　　　　领料主管：　　　　领料：

业务 69

中国工商银行
现金支票存根
006754856

附加信息

出票日期　　年　　月　　日

收 款 人：

金　　额：

用　　途：

单位主管　　　　会计

付款期限自出票之日起十天

中国工商银行 现金支票　　006754856

出票日期（大写）　　年　　月　　日 付款行名称：

收款人：　　　　出票人账号：

人民币（大写）	亿	千	百	十	万	千	百	十	元	角	分

用途　　　　密码

上列款项请从　　　　行号

我账户内支付

出票人签章　南方吉祥电器制造厂 财务专用章　　复核　王青印　记账

业务 70-1

汇付款通知单

收款单位	南方市运输管理局		
汇入银行及账号	工行南方市支行 3568965425876524351		
汇付金额	¥800.00		
汇款方式	转账支票	要求汇出时间	2017 年 12 月 25 日
汇款原因	支付运输管理费		
汇款通知人		部门负责人	
通知日期 2017 年 12 月 25 日	财务签收 余卓		

（印章：南方吉祥电器制造厂 财务专用章）

业务 70-2

行政事业性收费专业收据

（印章：南方市行政事业收费票据专用章）

2017 年 12 月 25 日

付款单位	南方吉祥电器制造厂	收费许可证	698124323598							
付款项目	运输管理费	付款方式	金额							
			百	十	万	千	百	十	元	角	分
收费依据及标准		转账					8	0	0	0	0
		现金									
		其他									
		合 计				¥	8	0	0	0	0
总金额（人民币大写）捌佰元整											

（印章：南方市交通运输管理局 财务专用章）

业务 70-3

中国工商银行
转账支票存根
00657867

附加信息

出票日期 年 月 日

收 款 人：

金 额：

用 途：

单位主管 会计

中国工商银行 转账支票 00657867

付款期限自出票之日起十天

出票日期（大写） 年 月 日 付款行名称：

收款人： 出票人账号：

人民币（大写）	亿	千	百	十	万	千	百	十	元	角	分

用途 密码

上列款项请从 行号

我账户内支付

出票人签章 复核 记账

（印章：南方吉祥电器制造厂 财务专用章；王青印）

业务 71-1

汇付款通知单

收款单位	上海恒强建筑工程集团		
汇入银行及账号	工行上海市支行 6541928725769517357		
汇付金额	¥555000.00		
汇款方式	电汇	要求汇出时间	2017年12月26日
汇款原因	仓库工程款		
汇款通知人	江圆	部门负责人	李民
通知日期 2017年12月26日		财务签收	

（印章：南方吉祥电器制造厂 财务专用章）

业务 71-2

中国工商银行　电汇凭证（回单）　4

□普通　□加急

委托日期 2017年12月26日

汇款人	全称	南方吉祥电器制造厂	收款人	全称	上海恒强建筑工程集团
	账号	5918336544786991899		账号	6541928725769517357
	汇出地点	海南省南方市/县		汇入地点	省上海市/县
汇出行名称		工行南方市分行	汇入行名称		工行上海市分行

金额	人民币（大写）	千	百	十	万	千	百	十	元	角	分
	伍拾伍万伍仟元整		¥	5	5	5	0	0	0	0	0

（印章：中国工商银行南方市分行 2017.12.26 转账 转讫）	支付密码
	附加信息及用途：
汇款人开户银行签章	复核　刘云　　记账　鲁明

此联是汇出行交给汇款人的回单

业务 71-3

上海增值税专用发票

发 票 联

№ 0045685

开票日期：2017年12月26日

购买方	名　　称：南方吉祥电器制造厂 纳税人识别号：618899154961786611 5 地 址、电 话：南方市海利路 118 号 0898-31586889 开户行及账号：工行南方市分行 5918336544786991899				密码区	（略）		
货物或应税劳务、服务名称	规格型号	单位	数量	单价	金额	税率	税额	
仓库工程					500 000.00	11%	55 000.00	
合　计					¥500 000.00		¥55 000.00	
价税合计（大写）	⊗伍拾伍万伍仟元整				（小写）¥555 000.00			
销售方	名　　称：上海恒强建筑工程集团 纳税人识别号：832789453345267208 1 地 址、电 话：上海市普陀区白云路 132 号 021-65493218 开户行及账号：中国工商银行上海白云路支行 622202229612345				备注	上海恒强建筑工程集团 832789453345267208 1 发票专用章		

收款人：林一　　复核：王庆　　开票人：许允　　销售方：（章）

第三联 发票联 购买方记账凭证

业务 72-1

中国工商银行 现金支票存根 006754857
附加信息
出票日期　年　月　日
收 款 人：
金　额：
用　途：
单位主管　　会计

中国工商银行 现金支票　006754857

出票日期（大写）　年　月　日 付款行名称：

收款人：　出票人账号：

人民币（大写）	亿	千	百	十	万	千	百	十	元	角	分

付款期限自出票之日起十天

用途　　密码

上列款项请从　　行号

我账户内支付

出票人签章　（南方吉祥电器制造厂 财务专用章）　复核　（王青印）　记账

业务 72-2

2017 年职工困难补助发放表

姓 名	补助金融 / 元	签 名	姓名	补助金融 / 元	签 名
刘一草	300.00	刘一草			
伍绿	300.00	伍绿			
李在友	300.00	李在友			
张家中	300.00	张家中			
肖珊	300.00	肖珊			
合计	1500.00				

南方吉祥电器制造厂 财务专用章

审批人：王青　　财务科长：代保珍　　制表人：杨明

业务 73-1

产品销售单

2017 年 12 月 26 日

单位	南方意美公司			车号	
产品名称	规格	单位	计划数	单价 / 元	金额 / 元
B 产品		件	100		
备注					

财务科长：代保珍　　制表人：杨明

业务 73-2

全国统一发票监制章 国家税务总局海南

海南增值税专用发票

记 账 联

№ 234573

开票日期：

购买方	名 称： 纳税人识别号： 地 址、电 话： 开户行及账号：				密码区	（略）	
货物或应税劳务、服务名称	规格型号	单位	数量	单价	金额	税率	税额
合 计							
价税合计（大写）				（小写）¥			
销售方	名 称： 纳税人识别号： 地 址、电 话： 开户行及账号：				备注	南方吉祥电器制造厂 5918336544786991899 发票专用章	

收款人：　　复核：　　开票人：　　销售方：（章）

第一联 记账联 销售方记账凭证

业务 73-3

中国工商银行 进账单（收账通知） 3

委托日期 2017年12月26日

出票人	全称	南方意美公司	收款人	全称	南方吉祥电器制造厂
	账号	6518345762525146543		账号	5918336544786991899
	开户银行	工行南方市分行		开户银行	工行南方市分行

金额	人民币（大写）贰万壹仟零陆拾元整	亿	千	百	十	万	千	百	十	元	角	分
					¥	2	1	0	6	0	0	0

票据种类		票据张数		中国工商银行南方市分行 2017.12.26 转账 转讫
票据号码				
备注： 复核谢成 记账徐学				收款人开户银行签章

此联是银行交给收款人的收账通知

业务 74-1

全国统一发票监制章 国家税务局监制

山东增值税专用发票

发票联

№ 0045626

开票日期：2017年12月24日

购买方	名称：南方吉祥电器制造厂 纳税人识别号：618899154961786611 5 地址、电话：南方市海利路118号 0898-31586889 开户行及账号：工行南方市分行 5918336544786991899				密码区	（略）	
货物或应税劳务、服务名称	规格型号	单位	数量	单价	金额	税率	税额
乙材料		千克	2 500	10.00	25 000.00	11%	4 250.00
合计					¥25 000.00		¥4 250.00
价税合计（大写）	⊗贰万玖仟贰佰伍拾元整				（小写）¥29 250.00		
销售方	名称：青岛电气配件公司 纳税人识别号：342312567806956823 8 地址、电话：青岛市海秀路68号 65134799 开户行及账号：工行青岛市分行 8612134535713482581				备注	青岛电气配件公司 3423125678069568238 发票专用章	

收款人：杨业 复核：吴友 开票人：张建 销售方：（章）

第三联 发票联 购买方记账凭证

业务 74-2

材料验收单

供货单位：　　　　　　　　　　　　　　年　　月　　日

材料编号	材料名称	规　格	单　位	数　量	金额/元	备　注

保管验收：张有宝　　　　　　　　　　　采购员：王赐中

业务 74-3

中国工商银行　信汇凭证（回单）　　1

□普通　□加急　　委托日期 2017 年 12 月 26 日

汇款人	全　称	南方吉祥电器制造厂	收款人	全　称	青岛电气配件公司
	账　号	5918336544786991899		账　号	8612134535713482581
	汇出地点	海南省南方市/县		汇入地点	山东省青岛市/县
汇出行名称		工行南方市分行	汇入行名称		工行青岛市分行

金额	人民币（大写）	千	百	十	万	千	百	十	元	角	分
	贰万玖仟贰佰伍拾元整			¥	2	9	2	5	0	0	0

中国工商银行南方市分行 2017.12.26 转账 转讫

汇款人开户银行

支付密码

附加信息及用途：购材料

复核 张珍　　　　记账 邢颜

此联是汇出行给汇款人的回单

业务 75-1

海南增值税普通发票

发票联

№ 0089653

开票日期：2017年12月29日

购买方	
名　　称	南方吉祥电器制造厂
纳税人识别号	6188991549617866115
地址、电话	南方市海利路118号　0898-31586889
开户行及账号	工行南方市分行　5918336544786991899
密码区	（略）

货物或应税劳务、服务名称	规格型号	单位	数量	单价	金额	税率	税额
运费					873.79	3%	26.21
合　计					¥873.79		¥26.21
价税合计（大写）	⊗玖佰元整				（小写）¥900.00		

销售方	
名　　称	南方顺通运输有限公司
纳税人识别号	98562134521
地址、电话	南方市五指山路21号　0898-39856214
开户行及账号	农行南方市分行　9658 5214 621
备注	南方市—南方市 车号：*C95656 货物：丁材料

收款人：吴光　　　复核：李友　　　开票人：张索　　　销售发：（章）

第三联　发票联　购买方记账凭证

业务 75-2

入库单

单位：南方吉祥电器制造厂　　2017年12月29日　　第102号

货 号	品 名	单 位	数 量	单价/元	金额/元	备 注
	丁材料	件	500	48.28	24140.00	

第三联 交会计

负责人：张有宝　　经手人：王赐中

业务 75-3

中国工商银行
转账支票存根
00657868

附加信息

出票日期　年　月　日

收 款 人：

金　额：

用　途：

单位主管　　会计

中国工商银行 转账支票　　00657868

出票日期（大写）　年　月　日　付款行名称：

收款人：　　出票人账号：

人民币（大写）	亿	千	百	十	万	千	百	十	元	角	分

付款期限自出票之日起十天

用途　　密码

上列款项请从　　行号

我账户内支付

出票人签章　南方吉祥电器制造厂 财务专用章　　复核　王青印　记账

业务 76

领料单（记账联）

领料部门：　　开单日期　年　月　日　　编号：8037

发料仓库：　　发料日期　年　月　日　　限　天有效

货物用途	材料名称	型号规格	单位	数量		单价/元	金额/元
				请领	实领		
领料根据及用途							

发料：　　材料计划：　　领料主管：　　领料：

业务 77-1

托收凭证（付款通知） 5

委托号码：00856

委托日期：2017年12月29日 付款期限 2017年12月31日

业务类型	委托收款（□邮划、□电划）		托收承付（□邮划、□电划）		
付款人	全称	南方吉祥电器制造厂	收款人	全称	南方市供电局
	账号	5918336544786991899		账号	6158794154631232249
	地址	海南省南方市/县		地址	海南省南方市/县
汇出行名称		工行南方市分行	汇入行名称		工行南方市分行
委收金额	人民币（大写）肆万陆仟捌佰元整		千百十万千百十元角分		¥ 4 6 8 0 0 0 0
款项	电费	委托收款凭据名称		附寄单证张数	
商品发运情况			合同名称号码		
备注： 付款人开户行收到日期： 2017年12月29日 复核：黄雄 记账：金芳	中国工商银行南方市分行 2017.12.29 转账 转讫 付款人开户银行签章		付款人注意： 1. 根据支付结算办法，上列委托收款（托收承付）款项在付款期限内未提出拒付的，即视为同意付款，以此代付款通知。 2. 如需提出全部或部分拒付，应在规定期限内，将拒付理由书并附债务证明退交开户银行。		

此联付款人开户银行给付款人的付款通知

业务 77-2

海南增值税专用发票

发票联

№ 0012358

开票日期：2017年12月24日

购买方	名称：南方吉祥电器制造厂 纳税人识别号：618899154961786611 5 地址、电话：南方市海利路118号 0898-31586889 开户行及账号：工行南方市分行 5918336544786991899				密码区	（略）	
货物或应税劳务、服务名称	规格型号	单位	数量	单价	金额	税率	税额
电费					40 000.00	17%	6 800.00
合计					¥40 000.00		¥6 800.00
价税合计（大写）	⊗肆万陆仟捌佰元整				（小写）¥46 800.00		
销售方	名称：南方市供电局 纳税人识别号：5723658642364668147 地址、电话：南方市沙玉路75号 64238745 开户行及账号：工行南方市分行 6158794154631232249				备注	南方市供电局 5723658642364668147 发票专用章	

收款人：孙朋 复核：张平 开票人：胡月 销售方：（章）

第三联 发票联 购买方记账凭证

业务 77-3

南方市供电局电费
收 据

2017年12月29日

户名：南方吉祥电器制造厂

注册号	编号	指数	用电度数	金额/元	地址	备注
673	59	54793	50000	46800.00		

（印章：南方市供电局 财务专用章）

合计（大写）肆万陆千捌佰元整

业务 78-1

托收凭证（付款通知） 5

委托号码：00857

委托日期：2017年12月29日　　付款期限 2017年12月31日

业务类型	委托收款（□邮划、□电划）		托收承付（□邮划、□电划）		
付款人 全称	南方吉祥电器制造厂		收款人 全称	南方市自来水公司	
付款人 账号	5918336544786991899		收款人 账号	6151794354931238468	
付款人 地址	海南省南方市/县		收款人 地址	海南省南方市/县	
汇出行名称	工行南方市分行		汇入行名称	工行南方市分行	
委收金额	人民币（大写）贰仟零肆拾玖元贰角叁分		千 百 十 万 千 百 十 元 角 分	¥ 2 0 4 9 2 3	
款项	水费	委托收款凭据名称		附寄单证张数	
商品发运情况			合同名称号码		
备注： 付款人开户行收到日期： 2017年12月29日 复核：陈守才　记账：于芳	（印章：中国工商银行南方市分行 2017.12.29 转账 转讫） 付款人开户银行签章		付款人注意： 1. 根据支付结算办法，上列委托收款（托收承付）款项在付款期限内未提出拒付的，即视为同意付款，以此代付款通知。 2. 如需提出全部或部分拒付，应在规定期限内，将拒付理由书并附债务证明退交开户银行。		

此联付款人开户银行给付款人的付款通知

业务 78-2

海南增值税专用发票

发　票　联

№ 0078938

开票日期：2017年12月29日

购买方	名　　　称：南方吉祥电器制造厂 纳税人识别号：6188991549617866115 地 址、电 话：南方市海利路 118 号 0898-31586889 开户行及账号：工行南方市分行 5918336544786991899				密码区	（略）		
货物或应税劳务、服务名称	规格型号	单位	数量	单价	金额	税率	税额	
水费					1 813.48	13%	235.75	
合　计					¥18 113.48		¥235.75	
价税合计（大写）	⊗贰仟零肆拾玖元贰角叁分				（小写）¥2 049.23			
销售方	名　　　称：南方市自来水公司 纳税人识别号：6423652542124695438 地 址、电 话：南方市沙玉路 99 号 65476821 开户行及账号：工行南方市分行 6151794354931238468				备注			

收款人：郭建　　复核：张发　　开票人：吴荣　　销售方：（章）

第三联　发票联　购买方记账凭证

业务 78-3

南方市自来水公司水费
收　据

2017年 12月 29日

户名：南方吉祥电器制造厂

注册号	编号	指数	用电度数	金额 / 元	地址	备注
328	5	40981	9067.40	2049.23		

合计（大写）贰仟零肆拾玖元贰角叁分

业务 79

固定资产折旧汇总表

2017年12月29日　　　　元

部　门	计提基数	计提比例/(%)	金　额
一车间——房屋及建筑物		2.67	
一车间——机器设备		2.67	
二车间——房屋及建筑物		2.67	
二车间——机器设备		2.67	
机修车间——房屋及建筑物		2.67	
机修车间——机器设备		2.67	
行政部门——房屋及建筑物		2.67	
合　计		2.67	

财务科长：代保珍　　　　制表人：杨明

业务 80

短期借款计息单

2017年12月29日

项　目	金额/元	年利息率	利息/元
短期借款	38000.00	6%	190.00
合　计			¥190.00

财务科长：代保珍　　　　制表人：杨明

业务 81

无形资产摊销分配表

2017年12月29日

项　目	摊销时间	摊销金额/元	备　注
专利权	12月份	1000.00	行政部门
合计	12月份	¥1000.00	

财务科长：代保珍　　　　制表人：杨明

业务 82

差旅费报销单

单位名称：机修车间　　出差起止日期由 2017 年 12 月 22 日至 2017 年 12 月 24 日　　元

出差人姓名：李羽				出差地点：万宁			出差天数：3		事由：购材料
飞机车船及住宿	种类	票据张数	金额	出差补助费	出差地点	天数	标准	金额	报销结算情况
	火车票				万宁	3	50	150.00	原出差借款____元，报销 425.60 元，补____元，退还____元。
	市内汽车费	10	15.60						
	住宿费	1	100.00						
	其他车补								
	长途汽车费	2	160.00						说明
									审批人 王春　支领人 李羽
	小　计		275.60						
合计金额	大写：肆佰贰拾伍元陆角整				小写：¥425.60				2017 年 12 月 30 日

（印章：南方吉祥电器制造厂 财务专用章）

业务 83

中国工商银行　电汇凭证（回单）　　4

□普通　□加急　　委托日期 2017 年 12 月 30 日

汇款人	全　称	吉林电器厂	收款人	全　称	南方吉祥电器制造厂
	账　号	6479258196573546275		账　号	5918336544786991899
	汇出地点	吉林省吉林市/县		汇入地点	浙江省南方市/县
汇出行名称		工行吉林市分行	汇入行名称		工行南方市分行

金额	人民币（大写） 叁拾万贰仟壹佰伍拾陆元柒角捌分	千	百	十	万	千	百	十	元	角	分
			¥	3	0	2	1	5	6	7	8

汇款人开户银行签章	支付密码
（印章：中国工商银行吉林市分行 2017.12.30 转账 转讫）	附加信息及用途：
	复核 张珍　　记账 邢颜

此联是汇出行交给汇款人的回单

业务 84

工资结算汇总分配表

2017 年 12 月 30 日

元

部门		应付工资						代扣款项				实发合计	领款人签名（由各部门负责人领取并发放给职工个人）
		基础工资	岗位津贴	职务职称	工龄工资	福利费	合计	住房公积	退休统筹（26%）	医疗保险（8%）	小计		
生产车间	A 产品生产工人	30 000.00	20 000.00	14 000.00	3 000.00		6 7000.00		17 420.00	5 360.00	22 780.00	442 20.00	张量积
	B 产品生产工人	20 000.00	10 000.00	11 000.00	2 320.00		43 320.00		11 263.20	3 465.60	14 728.80	28 591.20	张亮
	C 产品生产工人	24 000.00	15 000.00	9 000.00	3 100.00		51 100.00		13 286.00	4 088.00	17 374.00	33 726.00	李鹏
	D 产品生产工人	22 000.00	12 000.00	7 000.00	2 460.00		43 460.00		11 299.60	3 476.80	14 776.40	28 683.60	李玲
	一车间管理人员	22 000.00	9 800.00	5 200.00	2 400.00		39 400.00		10 244.00	3 152.00	13 396.00	26 004.00	王储
	二车间管理人员	17 000.00	9 400.00	3 100.00	2 020.00		31 520.00		8 195.20	2 521.60	10 716.80	20 803.20	麻纤维
机修车间	生产工人	11 000.00	6 560.00	4 360.00	1 620.00		23 540.00		6 146.40	18 91.20	8 037.60	15 602.40	陈化忆
行政管理人员		3 800.00	2 400.00	1 200.00	309.85		7 709.85		2 004.56	616.79	2 621.35	5 088.50	宋健雄
医务及食堂人员		1 600.00	1 180.00	280.00	140.00		3 200.00		832.00	256.00	1 088.00	2 112.00	全政法
销售机构人员		2 000.00	1 700.00	900.00	200.00		4 800.00		1 248.00	384.00	1 632.00	3 168.00	赵江华
合计		153 500.00	8 8040.00	56 040.00	17 569.85		315 149.85		81 938.96	25 211.99	107 150.95	207 998.90	

部门负责人：李群　　　　制表人：杨明

业务 85

福利费用分配表

2017 年 12 月 30 日

元

项目 部门	工资费用	提取率（14%）	分配金额
基本生产车间：			
A 产品			
B 产品			
C 产品			
D 产品			
制造车间：			
一车间			
二车间			
辅助生产车间：			
机修车间			
行政管理部门			
医务及食堂人员			
销售机构人员			
合　计			

财务科长：代保珍　　　　制表人：杨明

业务 86

工会经费、职工教育经费分配表

2017 年 12 月 30 日

元

项目 部门	工资费用	工会经费（2%）	职工教育经费（2.5%）	分配金额
基本生产车间：				
A 产品				
B 产品				
C 产品				
D 产品				
制造车间：				
一车间				
二车间				
辅助生产车间：				
机修车间				
行政管理部门				
医务及食堂人员				
销售机构人员				
合　计				

财务科长：代保珍　　　　制表人：杨明

业务 87–1

中国工商银行
转账支票存根
00657869

附加信息

出票日期 年 月 日

收 款 人：

金 额：

用 途：

单位主管 会计

中国工商银行 转账支票 00657869

付款期限自出票之日起十天

出票日期（大写） 年 月 日 付款行名称：

收款人： 出票人账号：

人民币（大写）	亿	千	百	十	万	千	百	十	元	角	分

用途 ________ 密码 ________

上列款项请从 行号 ________

我账户内支付

出票人签章 （南方吉祥电器制造厂 财务专用章） 复核 （王青 印） 记账

业务 87–2

南方市企业单位
往来收据

收款日期：2017年12月30日 No.23408

今收到：南方吉祥电器制造厂

交 来：工会经费

人民币（大写）________ ¥________

备注：（北京市总工会 财务专用章）

第二联 交款人收执

收款单位：（章） 收款人：田诚 经办人：李守法

业务 88

材料验收单汇总表

2017年12月30日 No.001209

金额单位：元

材料名称	材料时间	规格	单位	实际			计划			备注
				数量	单价	金额	数量	单价	金额	
合计										

保管验收： 采购：

业务 89

材料成本差异计算表

2017 年 12 月 30 日

元

项　目 成本差异	实际成本	计划成本	材料成本差异
甲材料			
乙材料			
合　计			

财务科长：代保珍　　　　制表人：杨明

业务 90-1

材料消耗汇总表

2017 年 12 月 31 日

金额单位：元

用　途	材料名称	主要材料——甲材料				辅助材料				合计
		数量	金额	数量	金额	数量	金额	数量	金额	
产品领用	A 产品									
	B 产品									
	C 产品									
	D 产品									
生产车间一般耗费领用	一车间									
	二车间									
辅助车间领用	机修车间									
行政管理部门										
对外销售										
合　计										

财务科长：代保珍　　　　制表人：杨明

业务 90-2

材料消耗汇总表

2017 年 12 月 31 日

金额单位：元

用　途	材料名称	主要材料——乙材料				辅助材料				合计
		数量	金额	数量	金额	数量	金额	数量	金额	
产品领用	A 产品									
	B 产品									
	C 产品									
	D 产品									
生产车间一般耗费领用	一车间									
	二车间									
辅助车间领用	机修车间									
行政管理部门										
对外销售										
合　计										

财务科长：代保珍　　　　制表人：杨明

业务 91-1

甲材料成本差异分配表

2017 年 12 月 31 日

元

部门（科目）	材料计划成本	材料成本差异率	分摊材料成本差异
产品领用：			
A 产品			
B 产品			
C 产品			
D 产品			
车间一般消耗：			
一车间			
二车间			
辅助车间领用：			
机修车间			
行政管理部门			
对外销售			
合　计			

财务科长：代保珍　　制表人：杨明

业务 91-2

乙材料成本差异分配表

2017 年 12 月 31 日

元

部门（科目）	材料计划成本	材料成本差异率	分摊材料成本差异
产品领用：			
A 产品			
B 产品			
C 产品			
D 产品			
车间一般消耗：			
一车间			
二车间			
辅助车间领用：			
机修车间			
行政管理部门			
对外销售			
合　计			

财务科长：代保珍　　制表人：杨明

业务 92

电费分配表

2017年12月31日　　（分配率保留小数点后4位）

项目＼用途		耗电量 / 度	分配率	分配金额 / 元
基本生产车间	一车间	28000.00		
	二车间	12000.00		
小计		40000.00		
机修车间		6000.00		
行政部门		4000.00		
合计		50000.00		40000.00

财务科长：代保珍　　制表人：杨明

业务 93

水费分配表

2017年12月31日　　（分配率保留小数点后4位）

项目＼用途		耗水量 / 吨	分配率	分配金额 / 元
基本生产车间	一车间	4100.00		
	二车间	3800.00		
小计		7900.00		
机修车间		650.00		
行政部门		517.40		
合计		9067.40		1813.48

财务科长：代保珍　　制表人：杨明

业务 94

辅助生产费用分配表

2017年12月31日　　（分配率保留小数点后4位）

受益部门	维修工时	分配率	分配额 / 元
一车间	2400.00		
二车间	2000.00		
行政部门	600.00		
合计	5000.00		

财务科长：代保珍　　制表人：杨明

业务 95-1

制造费用分配表（一车间）

2017 年 12 月 31 日 （分配率保留小数点后 4 位）

受益部门	生产工时	分配率	分配额 / 元
合 计			

财务科长：代保珍 制表人：杨明

业务 95-2

制造费用分配表（二车间）

2017 年 12 月 31 日 （分配率保留小数点后 4 位）

受益部门	生产工时	分配率	分配额 / 元
合计			

财务科长：代保珍 制表人：杨明

业务 96-1

产品成本计算单

产品名称： 2017 年 12 月 31 日 元

项 目	直接材料	直接人工	制造费用	合 计
月初在产品成本				
本月生产费用				
生产费用合计				
约当产量				
分配率（保留小数点后 4 位）				
月末完工产品成本				
月末在产品成本				

财务科长：代保珍 制表人：杨明

业务 96-2

产品成本计算单

产品名称：　　　　2017 年 12 月 31 日　　　　元

项　目	直接材料	直接人工	制造费用	合　计
月初在产品成本				
本月生产费用				
生产费用合计				
约当产量				
分配率（保留小数点后 4 位）				
月末完工产品成本				
月末在产品成本				

财务科长：代保珍　　　　制表人：杨明

业务 96-3

产品成本计算单

产品名称：　　　　2017 年 12 月 31 日　　　　元

项　目	直接材料	直接人工	制造费用	合　计
月初在产品成本				
本月生产费用				
生产费用合计				
约当产量				
分配率（保留小数点后 4 位）				
月末完工产品成本				
月末在产品成本				

财务科长：代保珍　　　　制表人：杨明

业务 96-4

产品成本计算单

产品名称：　　　　2017 年 12 月 31 日　　　　元

项　目	直接材料	直接人工	制造费用	合　计
月初在产品成本				
本月生产费用				
生产费用合计				
约当产量				
分配率（保留小数点后 4 位）				
月末完工产品成本				
月末在产品成本				

财务科长：代保珍　　　　制表人：杨明

业务 97-1

产品销售汇总单

2017 年 12 月 31 日

名称及规格	销售时间	计量单位	数 量	单位成本 / 元	总成本 / 元
合 计					

财务科长：代保珍　　　　制表人：杨明

业务 97-2

产品销售汇总单

2017 年 12 月 31 日

名称及规格	销售时间	计量单位	数 量	单位成本 / 元	总成本 / 元
合 计					

财务科长：代保珍　　　　制表人：杨明

业务 98

增值税纳税申报表

<table>
<tr><td colspan="2">纳税人名称</td><td colspan="5"></td><td colspan="2">微机编号</td><td colspan="3"></td></tr>
<tr><td>纳税期限</td><td colspan="2">年 月 日</td><td colspan="2">税款所属期限</td><td colspan="3">年 月 日至
年 月 日</td><td colspan="2">税务登记证号码</td><td colspan="2"></td></tr>
<tr><td rowspan="2">应税货物或劳务名称</td><td rowspan="2">计税数量</td><td rowspan="2">计量单位</td><td rowspan="2">计税依据</td><td rowspan="2">生产率或征收率</td><td rowspan="2">销项税额</td><td colspan="2">进项税额</td><td rowspan="2">应纳税额</td><td rowspan="2">减免税额</td><td rowspan="2">批准缓税额</td><td rowspan="2">本期申报应纳税额</td></tr>
<tr><td>合计</td><td>其中，本期允许抵扣</td></tr>
<tr><td>1</td><td>2</td><td>3</td><td>4</td><td>5</td><td>6=4×5</td><td>7</td><td>8</td><td>9=6−8</td><td>10</td><td>11</td><td>12=9−10−11</td></tr>
<tr><td></td><td></td><td></td><td></td><td></td><td></td><td></td><td></td><td></td><td></td><td></td><td></td></tr>
<tr><td></td><td></td><td></td><td></td><td></td><td></td><td></td><td></td><td></td><td></td><td></td><td></td></tr>
<tr><td></td><td></td><td></td><td></td><td></td><td></td><td></td><td></td><td></td><td></td><td></td><td></td></tr>
<tr><td></td><td></td><td></td><td></td><td></td><td></td><td></td><td></td><td></td><td></td><td></td><td></td></tr>
<tr><td></td><td></td><td></td><td></td><td></td><td></td><td></td><td></td><td></td><td></td><td></td><td></td></tr>
<tr><td>合计</td><td></td><td></td><td></td><td></td><td></td><td></td><td></td><td></td><td></td><td></td><td></td></tr>
<tr><td>城建税</td><td></td><td></td><td></td><td></td><td></td><td></td><td></td><td></td><td></td><td></td><td></td></tr>
<tr><td>教育费附加</td><td></td><td></td><td></td><td></td><td></td><td></td><td></td><td></td><td></td><td></td><td></td></tr>
<tr><td rowspan="2">附列资料</td><td colspan="4" rowspan="2">增值税专用发票领、用、存情况</td><td colspan="2">零购数量/组</td><td colspan="2">使用数量/组</td><td colspan="2">作废数量/组</td><td>结存数量/组</td></tr>
<tr><td colspan="2"></td><td colspan="2"></td><td colspan="2"></td><td></td></tr>
<tr><td>申报单位可代理机构</td><td colspan="5">申报人（公章）或代理人（签名或盖章）
申报日期： 代理人：
年 月 日</td><td>税务机关审核</td><td colspan="5">审核日期：
审核时间：
审核人： （章）</td></tr>
</table>

业务 99-1

交易性金融资产期末成本与市价对比表

2017 年 12 月 31 日 元

交易性金融资产明细账	交易性金融资产期末成本	交易性金融资产期末市价	本期交易性金融资产涨跌价金额
新大洲债券		53600.00	
合 计			

财务科长：代保珍　　　　制表人：杨明

业务 99-2

可供出售金融资产期末成本与市价对比表

2017年12月31日

元

可供出售金融资产明细账	可供出售金融资产期末成本	可供出售金融资产期末市价	本期可供出售金融资产涨跌价金额
罗牛山股票		53600.00	
合　计			

财务科长：代保珍　　　　制表人：杨明

业务 100

存货跌价准备计算表

2017年12月31日

元

存货类账户名称	期 末 余 额	期末可变现净值	存货跌价准备额
材料采购		0	
库存商品		1402154.34	
原材料		201779.00	
周转材料——包装物		0	
周转材料——低值易耗品		2004.00	
生产成本——基本生产成本		170514.23	
委托加工物资		0	
合　计		1775651.57	

财务科长：代保珍　　　　制表人：杨明

业务 101-1

坏账准备计算表（应收账款）

2017年12月31日

项　目	期初余额 / 元	期末余额 / 元	计提比例 / (‰)	计提坏账准备 / 元
应收账款			5	
合　计				

财务科长：代保珍　　　　制表人：杨明

业务 101-2

坏账准备计算表（其他应收账款）

2017 年 12 月 31 日

项 目	期初余额 / 元	期末余额 / 元	计提比例 /（‰）	计提坏账准备 / 元
其他应收账款			5	
合 计				

财务科长：代保珍　　　　制表人：杨明

业务 102

收益类账户本月发生额汇总表

2017 年 12 月 31 日

收益类账户	金额 / 元
主营业务收入——A 产品	
主营业务收入——B 产品	
其他业务收入	
投资收益	
营业外收入	
合 计	

财务科长：代保珍　　　　制表人：杨明

业务 103

成本费用类账户本月发生额汇总表

2017 年 12 月 31 日

成本费用类账户	金额 / 元
主营业务成本——A 产品	
主营业务成本——B 产品	
其他业务成本	
营业税金及附加	
销售费用	
管理费用	
财务费用	
营业外支出	
资产减值损失	
公允价值变动损益	
合 计	

财务科长：代保珍　　　　制表人：杨明

业务 104-1

应交所得税计算表

2017 年 12 月 31 日

项 目	金额 / 元
税前会计利润	
加（或减）：永久性差异	
加（或减）：暂时性差异	
应纳税所得额	
所得税税率	25%
本期应交所得税	

财务科长：代保珍　　　　制表人：杨明

业务 104-2

暂时性差异计算表

2017 年 12 月 31 日

元

项 目	账面价值	计税基础	差 异	
			应纳税暂时性差异	可抵扣暂时性差异
交易性金融资产				
应收账款				
存货				
可供出售金融资产				
固定资产				
无形资产				
商誉				
预计负债				
合 计				

财务科长：代保珍　　　　制表人：杨明

业务 105

所得税费用计算表

2017 年 12 月 31 日

项 目	金额 / 元
本期应交所得税	
加：递延所得税资产	
递延所得税负债	
减：递延所得税资产	
递延所得税负债	
本期所得税费用	

财务科长：代保珍　　　　制表人：杨明

业务 106

税后利润分配计算表

2017 年 12 月 31 日

项　目	金额 / 元
1—11 月税后利润	
12 月的税后利润	
本年的税后利润	

财务科长：代保珍　　　　制表人：杨明

业务 107，108

利润分配计算表

2017 年 12 月 31 日

利润分配项目	计提基数	计提比例 /（%）	计提金额 / 元
提取法定盈余公积金		10	
提取任意盈余公积金		5	

财务科长：代保珍　　　　制表人：杨明

第4章 会计电算化综合实训

本章学习要点

本章是要求同第 3 章一起进行手工账务处理和使用会计软件的信息化账务处理并行的综合实训。通过本实训，要求学生能系统地掌握会计软件系统的初始化工作，熟悉日常业务处理的主要内容和操作方法、出纳管理的内容和处理方法及期末业务的内容和处理方法，掌握如何利用报表系统创建会计报表。

4.1 会计电算化综合实训的目的和要求

1. 实训目的

① 掌握基础设置的内容和方法。

② 系统学习总账初始化、日常业务处理的主要内容和操作方法。

③ 掌握出纳管理的内容和处理方法。

④ 熟悉期末业务的内容和处理方法。

⑤ 掌握报表格式定义、公式定义的操作方法。

⑥ 掌握报表数据处理、表页管理及图表功能等操作方法。

⑦ 掌握资产负债表、利润表和现金流量表的编制方法和步骤。

⑧ 在操作过程中对比手工账务处理和信息化处理结果的异同。

2. 实训要求

① 建立账套。

② 设置操作员，进行权限分配。

③ 录入部门、职员、客户、供应商等档案。

④ 定义外币及汇率、设置凭证类别和结算方式等系统参数。
⑤ 编辑会计科目。
⑥ 录入期初余额。
⑦ 对系统数据进行备份操作。
⑧ 填制记账凭证。
⑨ 修改和审核记账凭证。
⑩ 记账。
⑪ 设置自动生成转账凭证。
⑫ 自动生成转账凭证并审核记账。
⑬ 对账和结账。
⑭ 为南方吉祥电器制造厂创建“资产负债表”“利润表”和“现金流量表”。
⑮ 查询输出各类账表。
⑯ 结转年度账。

提示

- 会计软件可选用用友 U8 系统、金蝶 K/3 系统。
- 为保证实训工作的顺利进行，建议在实训开始前认真学习实训目的和要求。

4.2 会计电算化综合实训初始设置资料

1. 系统管理

（1）账套信息

账套号：101

账套名称：南方吉祥电器制造厂 2017 年账

启用日期：2017-12-01

会计期间设置：2017 年 01 月 01 日—12 月 31 日

单位名称：南方吉祥电器制造厂

单位简称：吉祥电器

地址：南方市海利路 118 号

法人代表：王青

纳税人登记号：6188991549617866115

开户银行：工行南方市分行

账号：5918336544786991899（人民币户）

本币代码：RMB

本币名称：人民币

企业类型：工业

行业性质：新会计制度科目

会计科目编码级次：42222；存货数量、存货单价、开票单价、件数及换算率的小数位均为2。

提示

- 账套号、账套名称可根据实际需要设置。
- 用友U850系统中的新会计制度科目不是2006年《企业会计准则应用指南》中规定的会计科目，如果使用此系统，建议不启用行业预置会计科目。

（2）财务人员及其权限

系统管理员：Admin。具有系统管理权。

账套主管：代保珍。具有账套管理权，拥有本账套的全部权限。

会计：李民。具有总账、报表、模块全部权限。

会计：李文海。具有工资、固定资产模块全部权限。

出纳：周州。具有出纳管理权限。

提示

为保证系统安全，明确划分职责，建议为每个操作员设置不同的密码。

2. 公共信息设置

（1）部门档案（见表4-1）

表4-1 部门档案

编 号	名 称	部门属性	负责人
1	行政部	综合管理	王成
101	厂部办公室	管理	黄力佳
102	财务科	财务	代保珍
103	总务科	保管、检验	张有宝
104	成本核算科	成本核算	李群
2	销售科	销售	彭智
3	供应科	供应	王赐中
4	生产管理科	生产	黄力佳
401	第一生产车间	产品生产	刘强
402	第二生产车间	产品生产	朱晓林
403	机修车间	机器修理	李立

（2）职员档案（见表4-2）

表 4-2 职员档案

职员编号	职员名称	所属部门	职员属性
10101	王青	厂部办公室	厂长
10102	王成	厂部办公室	副厂长
10103	黄力佳	厂部办公室	副厂长
10201	代保珍	财务科	财务主管
10202	李民	财务科	会计
10203	李文海	财务科	会计
10204	周州	财务科	出纳
10301	张有宝	总务科	科长
10302	王峰	总务科	副科长
10303	黎明	总务科	设备主管
10401	李群	成本核算科	科长
10402	杨明	成本核算科	副科长
00201	彭智	销售科	科长
00202	毛业	销售科	副科长
00301	王赐中	供应科	科长
00302	林超	供应科	副科长
40101	刘强	第一生产车间	车间主任
40201	朱晓林	第二生产车间	车间主任
40301	李立	修理车间	车间主任

（3）客户档案（见表4-3）

表 4-3 客户档案

客户编码	客户名称	客户简称
101	河南无线电厂	河南无线电
102	南京无线电厂	南京无线电
103	河南商丘电器贸易公司	商丘电器
104	吉林电器厂	吉林电器
105	沈阳电器商贸有限责任公司	沈阳电器
106	广东利奋电子有限公司	广东利奋
107	南昌机电厂	南昌机电
108	湖北通益电器有限公司	湖北通益
109	山西广播电视影业公司	山西广电

（4）供应商档案（见表4-4）

表 4-4　供应商档案

供应商编码	供应商名称	供应商简称
201	长沙有色金属材料厂	长沙有色
202	上海轻化公司	上海轻化
203	浙江模具厂	浙江模具
204	河北唐山有色金属材料公司	唐山有色
205	广州五金有限公司	广州五金
206	武汉机械制配厂	武汉机械
207	武汉金属材料公司	武汉金属
208	南方冶炼厂	南方冶炼
209	南方市供电局	南方供电
210	南方市自来水公司	南方自来水

（5）项目目录（见表4-5）

表 4-5　项目目录

项目设置步骤	设 置 内 容
项目大类	生产费用
核算科目	直接材料（50010101） 直接人工（50010102） 制造费用（50010103）
项目分类	1. 家用电器 2. 其他
项目名称	001.A 产品（家用电器类） 002.B 产品（家用电器类） 003.C 产品（家用电器类） 004.D 产品（家用电器类）

提示

- 此处所列的职员档案和部门档案并不是该企业的全部人员和部门，仅列举同软件操作有关的部分。
- 客户档案和供应商档案可在日常业务中根据需要随时增加。
- 项目目录主要用于生产成本按产品类别的核算。

3. 总账系统初始设置

（1）业务控制参数（见表4-6）

表 4-6　业务控制参数

选项卡	参数设置
凭证	制单序时控制 支票控制 赤字控制：资金及往来科目 允许修改、作废他人填制的凭证 可以使用应收、应付受控科目 凭证编号方式：系统编号 打印凭证页脚姓名 凭证审核控制到操作员 出纳凭证必须经由出纳签字 外币核算：固定汇率 进行预算控制
账簿	账簿打印位数每页打印行数按软件的标准设置 明细账打印按年排页
会计日历	会计日历为 1 月 1 日—12 月 31 日
其他	数量小数位和单价小数位设为 2 位 部门、个人、项目按编码方式排序 其他项目采用系统默认设置

提示

不同会计软件对业务控制参数的设置方法稍有不同，此处以用友 U8 系统为例。

（2）凭证类别（见表4-7）

表 4-7　凭证类别

类　型	限制类型	限制科目
收款凭证	借方必有	1001,1002
付款凭证	贷方必有	1001,1002
转账凭证	凭证必无	1001,1002

（3）结算方式（见表4-8）

表 4-8　结算方式

编　码	结算方式	票据管理标志
1	现金结算	
2	支票	
201	现金支票	√
202	转账支票	√
3	商业汇票	
301	商业承兑汇票	
302	银行承兑汇票	
4	银行汇票	
5	其他	

（4）会计科目（见表4-9）

表 4-9　会计科目

元

科 目 名 称	辅助核算	方向	累计借方发生额	累计贷方发生额	期初余额
库存现金（1001）	日记账（指定科目）	借			3 185.76
银行存款（1002）	日记账、银行账（指定科目）	借			4 448 617.28
交易性金融资产（1101）		借			116 400.00
琼金盘股票 (110101)		借			61 300.00
成本 (11010101)		借			61 300.00
公允价值变动 (11010102)		借			0
新大洲债券 (110102)		借			55 100.00
成本 (11010201)		借			55 100.00
公允价值变动 (11010202)		借			0
应收票据（1121）		借			0
银行承兑汇票		借			0
商业承兑汇票		借			0
应收账款（1122）	客户往来	借			814 856.78
预付账款（1123）	供应商往来	借			86 980.00
其他应收款（1221）	个人往来部门核算	借			65 000.00
坏账准备（1231）		贷			4 126.88
应收账款		贷			3 820.26
其他应收款		贷			306.62
可供出售金融资产（1301）		借			100 000.00
罗牛山股票（130101）	数量核算（股）	借			100 000.00
成本（13010101）	12000 股，8 元 / 股	借			100 000.00
公允价值变动（13010102）		借			0
材料采购（1401）		借			0
甲材料		借			0
乙材料		借			0
原材料（1403）		借			445 140.00
甲材料（140301）	数量核算 / 千克	借			253 000.00
	23 000 千克 11.00 元 / 千克				
乙材料（140302）	数量核算 / 千克	借			171 000.00
	19 000 千克 9.00 元 / 千克				
M 自制半成品（140303）	数量核算 / 件	借			21 140.00
	700 件 30.20 元 / 件				
丁材料（140304）	数量核算 / 件	借			0
材料成本差异（1404）		借			16 779.00
甲材料成本差异 (140401)		借			11 286.82

（续表）

科 目 名 称	辅助核算	方向	累计借方发生额	累计贷方发生额	期初余额
乙材料成本差异 (140402)		借			5 492.18
库存商品（1405）		借			868 712.59
A 产品（140501）	数量核算（件） 4 700 件 108.77 元 / 件	借			511 237.26
B 产品（140502）	数量核算（件） 3 600 件 99.30 元 / 件	借			357 475.33
周转材料（1411）		借			25 020.00
低值易耗品 (141101)		借			18 780.00
工作服 (14110101)		借			17 700.00
手套 (14110102)		借			1 080.00
文件柜 (14110103)		借			0
在用 (1411010301)		借			0
在库 (1411010302)		借			0
摊销 (1411010303)		借			0
包装物 (141102)		借			6 240.00
铁盒 (14110201)		借			6 240.00
其他 (141103)		借			0
存货跌价准备（1471）		借			0
持有至到期投资（1501）		借			640 000.00
南昌制药厂（150101）		借			200 000.00
成本（15010101）		借			200 000.00
应计利息（15010102）		借			0
沈阳电厂（150102）		借			440 000.00
成本（15010201）		借			400 000.00
应计利息（15010202）		借			40 000.00
长期股权投资（1511）		借			280 000.00
深圳机电（151101）		借			180 000.00
南方大强（151102）		借			100 000.00
固定资产（1601）		借			3 644 193.26
房屋及建筑物（160101）	部门核算	借			2 589 007.95
机器设备（160102）	部门核算	借			1 055 185.31
交通运输设备（160103）	部门核算	借			0
累计折旧（1602）		贷			195 368.44
房屋及建筑物（160201）	部门核算	贷			138 799.95
机器设备（160202）	部门核算	贷			56 568.49
交通运输设备（160203）	部门核算	贷			0
在建工程（1604）		借			558 632.80
铣床（160401）		借			231 904.51

（续表）

科目名称	辅助核算	方向	累计借方发生额	累计贷方发生额	期初余额
仓库（160402）		借			326 728.29
挤压机（160403）		借			0
无形资产（1701）		借			120 000.00
专利权（170101）	部门核算	借			120 000.00
累计摊销（170102）	部门核算	贷			2 000.00
短期借款（2001）		贷			58 000.00
工商银行（200101，4个月，年利率5%）		贷			20 000
工商银行（200102，9个月，年利率6%）		贷			38 000
应付票据（2201）		贷			170 000.00
银行承兑汇票（220101）		贷			100 000.00
商业承兑汇票（220102）		贷			70 000.00
应付账款（2202）	供应商往来	贷			83 654.85
预收账款（2203）	客户往来	贷			40 000.00
应付职工薪酬（2211）		贷			56 185.12
工资（221101）		贷			0
职工福利（221102）		贷			54 716.19
工会经费（221103）		贷			1 468.93
职工教育经费（221104）		贷			0
社会保险费（221105）		贷			0
住房公积金（221106）		贷			0
非货币性福利（221107）		贷			0
应交税费（2221）		贷			23 863.15
应交增值税（222101）		贷			0
进项税额（22210101）		贷			0
已交税金（22210102）		贷			0
转出未交增值税（22210103）		贷			0
销项税额（22210105）		贷			0
转出多交增值税（22210106）		贷			0
未交增值税（222102）		贷			21 693.78
应交所得税（222106）		贷			0
应交城市维护建设税（222108）		贷			1 518.56
应交教育费附加（222109）		贷			650.81
应付利息（2231）		贷			4 100.00
应付股利（2232）		贷			0

（续表）

科 目 名 称	辅助核算	方向	累计借方发生额	累计贷方发生额	期初余额
其他应付款（2241）		贷			13 161.60
长期借款（2501）		贷			1 200 000.00
工商银行（250101，5年期）					1 200 000.00
实收资本（4001）		贷			8 500 000.00
北京建设科技股份有限公司（400101）		贷			5 000 000.00
南方高科贸易有限公司（400102）		贷			2 000 000.00
广州建安房地产有限责任公司（400103）		贷			1 500 000.00
资本公积（4002）		贷			0
盈余公积（4101）		贷			351 481.37
法定盈余公积（410101）		贷			351 481.37
本年利润（4103）		贷			1 251 941.30
利润分配（4104）		贷			239 356.28
提取法定盈余公积（410402）		贷			0
提取任意盈余公积（410403）		贷			0
应付普通股股利（410410）		贷			0
未分配利润（410415）		贷			239 356.28
生产成本（5001）		借			57 721.52
基本生产成本（500101）		借			57 721.52
A 产品（50010101）	项目核算	借			22 634.10
B 产品（50010102）	项目核算	借			8 585.35
C 产品（50010103）	项目核算	借			14 311.12
D 产品（50010104）	项目核算	借			12 190.95
辅助生产成本（500102）		借			0
机修车间（50010201）		借			0
制造费用（5101）		借			0
一车间（510101）		借			0
二车间（510102）		借			0
主营业务收入（6001）		贷	7 571 404.39	7 571 404.39	0
A 产品（600101）		贷	4 819 133.26	4 819 133.26	0
B 产品（600102）		贷	2 752 271.13	2 752 271.13	0
其他业务收入（6051）		贷	5 300.00	5 300.00	0
公允价值变动损益（6101）		贷	0	0	0
投资收益（6111）		贷	28 234.00	28 234.00	0
营业外收入（6301）		贷	4 800.00	4 800.00	0

（续表）

科目名称	辅助核算	方向	累计借方发生额	累计贷方发生额	期初余额
主营业务成本（6401）		借	4 145 800.00	4 145 800.00	0
A 产品（640101）		借	2 638 765.76	2 638 765.76	0
B 产品（640102）		借	1 507 034.24	1 507 034.24	0
其他业务成本（6402）		借	2 300.00	2 300.00	0
营业税金及附加（6403）		借	162 719.27	162 719.27	0
销售费用（6601）		借	215 000.00	215 000.00	0
管理费用（6602）		借	1 192 811.34	1 192 811.34	0
工资（660201）		借	189 284.88	189 284.88	0
福利费（660202）		借	35 189	35 189	0
办公费（660203）		借	340 682.21	340 682.21	0
差旅费（660204）		借	244 390.51	244 390.51	0
运输费（660205）		借	18 500	18 500	0
折旧费（660206）		借	211 564.87	211 564.87	0
业务招待费（660207）		借	7 600	7 600	0
工会经费（660208）		借	42 980	42 980	0
职工教育经费（660209）		借	2 064.13	2 064.13	0
修理费（6602010）		借	12 000	12 000	0
水电费（6602011）		借	36 338.28	36 338.28	0
税金（6602012）		借	12 300	12 300	0
其他（6602017）		借	39 917.46	39 917.46	0
财务费用（6603）		借	5 124.67	5 124.67	0
资产减值损失（6701）		借	0	0	0
营业外支出（6711）		借	17 414.00	17 414.00	0
所得税费用（6801）		借	616 627.81	616 627.81	0

（5）累计发生额与期初余额

① 科目累计发生额与期初余额见（4）中的会计科目表。

② 辅助科目余额如表 4-10 所示。

表 4-10　辅助科目余额

会计科目：1131 应收账款　　　　借方余额：814 856.78 元

日　期	客　户	摘　要	方　向	余额 / 元
2017-10-20	河南无线电	销售商品	借	15 000.00
2017-11-10	南京无线电	销售商品	借	100 000.00
2017-11-29	商丘电器	销售商品	借	397 700.00
2017-07-10	吉林电器	销售商品	借	302 156.78

会计科目：1123 预付账款

借方余额：86 980.00 元

日 期	供应商	摘 要	方 向	余 额
2017-11-15	唐山有色	购买商品	借	50 000.00
2017-11-28	广州五金	购买商品	借	36 980.00

会计科目：1133 其他应收款

借方余额：65 000.00 元

日 期	部 门	个 人	摘 要	方 向	余 额
2017-11-01	销售科		备用金	借	30 000.00
2017-11-01	供应科		备用金	借	20 000.00
2017-11-14	厂部办公室	黄力佳	出差借款	借	15 000.00

会计科目：2121 应付账款

贷方余额：83 654.85 元

日 期	供应商	摘 要	方 向	余 额
2017-10-23	长沙有色	购买商品	贷	31 654.85
2017-11-16	上海轻化	购买商品	贷	32 000.00
2017-09-13	浙江模具	购买商品	贷	20 000.00

会计科目：2203 预收账款

贷方余额：40 000.00 元

日 期	客 户	摘 要	方 向	余 额
2017-11-28	沈阳电器	销售商品	贷	40 000.00

会计科目：160101 固定资产——房屋及建筑物

借方余额：2 589 007.95 元

部 门	方 向	余额 / 元
第一生产车间	借	940 160.18
第二生产车间	借	641 902.77
机修车间	借	286 601.35
厂部办公室	借	720 343.65

会计科目：160102 固定资产——机器设备

借方余额：1 055 185.31 元

部 门	方 向	余额 / 元
一车间	借	509 754.26
二车间	借	451 816.84
机修车间	借	93 614.21

会计科目：160201 累计折旧——房屋及建筑物

贷方余额：138 799.95 元

部 门	方 向	余额 / 元
一车间	贷	50 401.99
二车间	贷	34 412.41
机修车间	贷	15 364.69
厂部	贷	38 620.86

会计科目：160202 累计折旧——机器设备　　　　贷方余额：56 568.49 元

部　门	方　向	余额 / 元
一车间	贷	27 327.93
二车间	贷	24 221.90
机修车间	贷	5 018.66

会计科目：170101 无形资产——专利权　　　　贷方余额：120 000.00 元

部　门	方　向	余额 / 元
行政部门	贷	120 000.00

会计科目：170102 累计摊销——专利权　　贷方余额：2000.00 元

部　门	方　向	余额 / 元
行政部门	贷	2 000.00

会计科目：5001 生产成本——基本生产成本　　单位：元　　借方余额：57 721.52 元

会计科目 / 产品名称	直接材料（51010101）	直接人工（51010102）	制造费用（51010103）	合　计
A 产品	10 972.65	6 117.72	5 543.73	22 634.10
B 产品	4 162.04	2 320.52	2 102.79	8 585.35
C 产品	6 398.60	4 184.67	3 727.85	14 311.12
D 产品	5 450.66	3 564.71	3 175.58	12 190.95
合　计	26 983.95	16 187.62	14 549.95	57 721.52

4.3　会计电算化综合实训业务核算资料

1. 南方吉祥电器制造厂 2017 年 12 月份发生的经济业务参见第 3 章会计综合实训资料（共 108 笔经济业务）。

提示

建议日常核算以手工方式和电算化方式同时进行，以便随时对比两种方式核算的结果，找出差异。

2. 资产负债表、利润表和现金流量表的格式如表 4-11、表 4-12 和表 4-13 所示。

表 4-11

资 产 负 债 表

会企 01 表

编制单位：南方吉祥电器制造厂　　　　年　　月　　日　　　　元

资　产	期末余额	年初余额	负债和所有者权益	期末余额	年初余额
流动资产：			流动负债：		
货币资金			短期借款		
以公允价值计量且其变动计入当期损益的金融资产			以公允价值计量且其变动计入当期损益的金融负债		
应收票据			应付票据		
应收账款			应付账款		
预付款项			预收款项		
应收利息			应付职工薪酬		
应收股利			应交税费		
其他应收款			应付利息		
存货			应付股利		
一年内到期的非流动资产			其他应付款		
其他流动资产			一年内到期的非流动负债		
流动资产合计			其他流动负债		
非流动资产：			**流动负债合计**		
可供出售金融资产			非流动负债：		
持有至到期投资			长期借款		
长期应收款			应付债券		
长期股权投资			长期应付款		
投资性房地产			专项应付款		
固定资产			预计负债		
在建工程			递延所得税负债		
工程物资			其他非流动负债		
固定资产清理			**非流动负债合计**		
生产性生物资产			**负债合计**		
油气资产			所有者权益：		
无形资产			实收资本（或股本）		
开发支出			资本公积		
商誉			减：库存股		
长期待摊费用			其他综合收益		
递延所得税资产			盈余公积		
其他非流动资产			未分配利润		
非流动资产合计			**所有者权益合计**		
资产总计			**负债和所有者权益总计**		

表 4-12

利润表

会企 02 表

编制单位：南方吉祥电器制造厂　　　年　　月　　　元

项　目	本期金额	上期金额
一、营业收入		
减：营业成本		
营业税金及附加		
销售费用		
管理费用		
财务费用		
资产减值损失		
加：公允价值变动收益（损失以“-”号填列）		
投资收益（损失以“-”号填列）		
其中：对联营企业和合营企业的投资收益		
二、营业利润（亏损以“-”号填列）		
加：营业外收入		
其中：非流动资产处置利得		
减：营业外支出		
其中：非流动资产处置损失		
三、利润总额（亏损总额以“-”号填列）		
减：所得税费用		
四、净利润（净亏损以“-”号填列）		
五、其他综合收益的税后净额		
（一）以后不能重分类进损益的其他综合收益		
1. 重新计量设定受益计划净负债或净资产的变动		
2. 权益法下在被投资单位不能重分类进损益的其他综合收益中享有的份额		
……		
（二）以后将重分类进损益的其他综合收益		
1. 权益法下在被投资单位以后将重分类进损益的其他综合收益中享有的份额		
2. 可供出售金融资产公允价值变动损益		
3. 持有至到期投资重分类为可供出售金融资产损益		
4. 现金流量套期损益的有效部分		
5. 外币财务报表折算差额		
……		
六、综合收益总额		
七、每股收益		
（一）基本每股收益		
（二）稀释每股收益		

表 4-13

现金流量表

会企 03 表

编制单位：南方吉祥机械制造厂　　　　年　　月　　　　元

项　目	本期金额	上期金额
一、经营活动产生的现金流量		
销售商品、提供劳务收到的现金		
收到的税费返还		
收到其他与经营活动有关的现金		
经营活动现金流入小计		
购买商品、接受劳务支付的现金		
支付给职工以及为职工支付的现金		
支付的各项税费		
支付其他与经营活动有关的现金		
经营活动现金流出小计		
经营活动产生的现金流量净额		
二、投资活动产生的现金流量		
收回投资收到的现金		
取得投资收益收到的现金		
处置固定资产、无形资产和其他长期资产收回的现金净额		
处置子公司及其他营业单位收到的现金净额		
收到其他与投资活动有关的现金		
投资活动现金流入小计		
构建固定资产、无形资产和其他长期资产支付的现金		
投资支付的现金		
取得子公司及其他营业单位支付的现金净额		
支付其他与投资活动有关的现金		
投资活动现金流出小计		
投资活动产生的现金流量净额		
三、筹资活动产生的现金流量		
吸收投资收到的现金		
取得借款收到的现金		
收到其他与筹资活动有关的现金		
筹资活动现金流入小计		
偿还债务支付的现金		
分配股利、利润或偿付利息支付的现金		
支付其他与筹资活动有关的现金		
筹资活动现金流出小计		
筹资活动产生的现金流量净额		
四、汇率变动对现金及现金等价物的影响		
五、现金及现金等价物净增加额		
加：期初现金及现金等价物余额		
六、期末现金及现金等价物余额		

尊敬的老师：

您好。

请您认真、完全地填写以下表格的内容(务必填写每一项)，索取相关图书的教学资源。

教学资源索取表

书　名				作者名	
姓　名		所在学校			
职　称		职　务		讲授课程	
联系方式	电话：			E-mail：	
地址(含邮编)					
贵校已购本教材的数量(本)					
所需教学资源					
系/院主任姓名					

系/院主任：__________________(签字)

(系/院办公室公章)

20_____年____月____日

注意：

① 本配套教学资源仅向购买了相关教材的学校老师免费提供。

② 请任课老师认真填写以上信息，并**请系/院加盖公章**，然后传真到(010)80115555转718438上索取配套教学资源。也可将加盖公章的文件扫描后，发送到fservice@126.com上索取教学资源。欢迎各位老师扫码关注我们的微信号和公众号，随时与我们进行沟通和互动。

微信号　　　公众号

電子工業出版社
PUBLISHING HOUSE OF ELECTRONICS INDUSTRY

反侵权盗版声明

举报电话：(010)88254396；(010)88258888
传　　真：(010)88254397
E－mail　：dbqq@phei.com.cn
通信地址：北京市万寿路173信箱
　　　　　电子工业出版社总编办公室
邮　　编：100036